確かな英語の力を育てる

英語教育のエッセンシャルズ

田中茂範・阿部一
PEN言語教育サービス

Kurosio
くろしお出版

.

はじめに

　英語の学習に関しては夥しい数の書籍があります。これもその 1 冊になります。われわれも、これまでにも多くの英語関連の本の出版してきました。検定教科書、辞書、文法書、教授法など、応用言語学者として幅広いトピックを扱ってきました。今、自分たちがしてきた仕事を振り返り、もし新たな 1 冊を足すとすれば、何を書くべきか。このことについて 2 人で議論しました。

　そして、1 つの結論に達しました。それは、英語教育の「エッセンシャルズは何か」を突き詰め、その結果を読者に提供するということです。名詞の "essential" を辞書的に定義すれば "basic things that you cannot live without"（Cambridge Dictionary）あるいは "a thing that is absolutely necessary"（Oxford Dictionary）となります。「絶対に必要な何か」ということです。

　エッセンシャルズを明らかにするためには、肝心要の「英語力とは何か」を明らかにする必要があります。英語教育の目標は、端的に、学習者の英語力を高めることにあるからです。英語力とは何であるかが明らかになってはじめて、それを構成する要素としてのエッセンシャルズを引き出すことができるというのが、われわれ筆者がたどり着いた結論です。

　英語教育改革の必要性は、指導要領の改訂のたびに叫ばれてきました。そして、今、その「声」の勢いがとりわけ強いように思われます。それに呼応するかのように、英語教育の現場でも、新しい英語指導の在り方を模索する動きが加速化しているように思います。グローバル社会の中で、自らの人生を切り拓くには、真に使える英語力が有用だからで

3

す。言い換えれば、英語教育改革を動機づけとなる誘因は、「英語はできて当たり前」という状況が現実化しているという事実にあります。英語は、1 つの「外国語」から、国際共通語、あるいは「グローバル言語」としての地位を獲得し、以下に見られるように、今や文化背景を異にする約 15 億人の人たちが、英語を実用的なレベルで使っています。

英語	15 億人 (3.7 億人が母語話者)
中国語	11 億人 (9.8 億人が母語話者)
ヒンドゥー語	6.5 億人
スペイン語	4.2 億人
フランス語	3.7 億人
アラビア語	3 億人
ロシア語	2.7 億人

[Source: Statista 2017 現在の推定]

　この統計元である Statista（2017）によると、英語の母語話者は 4 億人弱であり、圧倒的多数が第二言語として英語を使っているのが現状です。比較の対象として中国語を取り上げると、11 億が中国語使用者ですが、その中の 9.8 億人が母語話者であるといわれます。英語使用の人口は、今後さらに増え続けることが予想されます。欧州、アフリカ、中東、東南アジアの各国で英語の使用人口は、増えています。かつては「英語嫌い」で知られたフランス人も、今や、4 割以上が英語を話すといわれています。日本や韓国を含む極東アジア、中米、南米、ロシア、中国でも英語の使用人口は増えていくことでしょう。
　こうした事実や予測からすると、グローバル言語としての英語の地位が揺らぐことは、しばらくは、ないだろうと思われます。英語はできて当たり前という状況の中、ビジネスも研究活動もその大部分においては英語を通して展開されています。だとすると、使える英語力は、これからの時代を生き抜こうとする生徒たちにぜひ身につけさせたい技能だと

いえます。現在、英語が苦手と感じている生徒の数は少なくありません。しかし、苦手と感じている生徒も、「もし英語ができたらどうか」と問えば、そのほとんどが、「それはできたほうがよい」と感じているのが実情です。

　では、英語教育改革のために何が必要でしょうか。一言でいえば、**教師が変わること**です。教師が変われば、生徒も変わります。**教えることと学ぶことは表裏一体の関係**にあるからです。しかし、教師が変わるといってもどう変わればよいか。変わる方向性を示さずして、英語教育の在り方を変えなければならないと声高に叫ぶだけでは説得力はありません。

　結論を先に述べておくと、英語教育の目標である「英語力」をきちんと定義し、その定義に基づいて、指導法（何をどう教えるかの方法）を立案し、評価も指導内容と整合的なものにする方向に舵を切るということです。現在の英語教育では、現場教師に聞いても、目的と指導と評価に整合性がありません。英文和訳という伝統的な指導法にしても、それが何のためのものであるかが突き詰めた形で合意されていません。たとえば、単語帳の範囲を決めて定期的な小テストをするという行為についても同様です。それは、語彙力の養成につながっているのでしょうか。このことに回答するためには、「語彙力とは何か」を明らかにする必要があります。しかし、現実的には、語彙力とは何かという単語指導においては根本的な問いが不透明な状態で、そして単語テストも何のためのものかを突き詰めることなく、単語指導や単語テストが行われているというの現状ではないでしょうか。

　本書で、われわれは「英語力とは、英語を使って何ができるかということである」という直観的にもっともわかりやすい定義を出発点にします。「英語を使って」の部分と「何ができるか」の2つを切り分けることで、この定義に磨きをかけることができます。「英語を使って」の「英語」は「言語リソース（language resources）」とみなすことができ

ます。そして、「何ができるか」の部分は「タスクハンドリング（task handling）」とみなすことができます。そして、タスクハンドリングを行うには、なんらかの「表現モード」が必要になります。表現モードは言語的なものと非言語的なものがありますが、ここでは言語的な表現モードに関心があります。いわゆる speaking や writing は産出モードで、listening と reading は理解モードになります。

　この定義からおのずと英語を学ぶためのエッセンシャルズが出てきます。言語リソースがなければ何も英語で表現できないということです。言語リソースには、語彙力、文法力、慣用表現力の3つの柱があります。「どうしてこの3つか」という問いが生まれると思いますが、Otto Jespersen は、言語は「自由表現（free expressions）」と「慣用表現（formulas）」を両輪とするということを繰り返し述べています。自由表現は、語彙力と文法力によって作り出すことができます。しかし、言語活動は自由表現だけで成り立っているわけではありません。どの言語でも夥しい数の慣用表現というものがあり、それを上手に使う力が慣用表現力です。語彙力、文法力、慣用表現力のどの柱が欠けても、英語の言語リソースとしては不十分です。すなわち、この3つがエッセンシャルズに含まれるということです。本書の中心的な課題は、語彙、文法、そして慣用表現の指導のこれまで在り方を再考し、新しい方向性を示すことにあります。

　本書は、35年間英語教育にかかわってきた著者たちが、新しい英語教育の方向に向かって進んでいる先生方に贈る15章です。

田中茂範・阿部一

目　次

▌Chapter 15　英語教師の英語力　211

Chapter 1

英語力とは何か

　英語の学習というと、すぐに単語を覚えるとか文法問題が解けるようにするとか英文の読解や聴解、さらには英作文とか口頭発表などができるようになるなどを連想する人が多いと思います。そして、何のために勉強するのかと聞けば、英語が使えるようになるためだと多くの人は答えるでしょう。しかし、実態はどうでしょうか。**教科書の中、問題集の中、そして試験の中に英語を閉じ込めているのではないでしょうか。**生きた言葉としての英語としてではなく、「学習対象としての英語」という捉え方が主流なのではないかと思います。

■ 指導要領の狙い

　2018年の3月に新しい学校指導要領が発表されました。高等学校の場合、英語は、「コミュニケーション英語」「英語表現」「英会話」の3種類の教科書が現行では使われています。これが2022年から、「英語コミュニケーション」と「論理・表現」の2種類になります。「コミュニケーション英語」から「英語コミュニケーション」に名称が変化していることに注目してください。現行の「コミュニケーション英語」は「コミュニケーションのための英語」という意味合いで、英語の教育に力点が置かれます。一方、新指導要領では「英語コミュニケーション」になり、「**英語でコミュニケーション活動を行う**」というところに強調点が移っています。**英語を学ぶから英語を使うへのシフトです。**もっと

いうなら、**英語は活動の中で学ぶということです。**

　こういう流れの中で、英語力とは何かを改めてきちんと考えておく必要があります。英語力を身につけることが目標であり、その目標こそが、「何」を「どう」提示するかという WHAT（教材論）と HOW（指導論）の問題に方向性を与えるからです。それだけではありません。ASSESSMENT（評価論）の仕方も当然、目標の観点から行われなければなりません。つまり、**目標は何をどう提示し、それをどう評価するか**の導きの糸になるということです。目標が曖昧だと、すべてが曖昧になってしまいます。

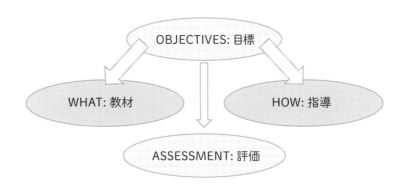

■ 英語力：タスクハンドリングと言語リソース

　英語教育の目標は「生徒の中に息づく英語力を育てること」です。問題は、「英語力」をどう定義するかです。英語教育関係者は、communicative competence（コミュニケーション能力）という用語に慣れ親しんでいるはずです。これまでの主流は，「文法能力（grammatical competence）」「談話構成能力（discourse competence）」「社会言語的能力（sociolinguistic competence）」「方略的能力（strategic competence）」などの「要素の分類（taxonomy）」を通して英語力（英語の communicative competence）が定義されてきました。

しかし、要素の分類では，要素が次々に枝分かれていくだけで，英語力という動的な概念をうまく捉えることができません。そこで、われわれ筆者は、英語力を**タスクハンドリングと言語リソースの相互関係**として捉えます。図式的に表すと以下のようになります。

言い換えると、英語力とは「**どういうタスクをどれだけ機能的にどういった言語リソースを使ってハンドリングできるか**」ということになります。すると、英語教育の目標は、ここで特徴づけられた英語力を生徒の中に育てるということです。そして、そのためには、教師は、タスクハンドリング力を高めると同時に言語リソースを豊かにすることの両側面に注視する必要があります。

　よく英単語をたくさん覚えてもそれを使うことができないとか、英文法について詳しく勉強したけど、自在に文を作り出すことができないということを聞きます。単語知識や文法知識は、**使えなければ言語リソースとはいえません**。ここであえて「リソース」という言い方をしているのには理由があります。すなわち、**リソースというものは、タスクハンドリングにいつでも利用可能な何かでなければなりません**。知っていても使えないというのでは、リソースとはいえないのです。

■ 4 技能と表現モード
　上のように英語力を特徴づけた場合、「4 技能」はどこに入るのかと

思う読者が少なくないはずです。タスクをこなすには、表現モードとしての音声あるいは文字が必要になります。

　この「表現モード」についてもう少し詳しく説明すれば、表現は「バーバルモード（verbal mode）」と「ノンバーバルモード（nonverbal mode）」によって行われる行為です。ジェスチャーは典型的なノンバーバルモードです。一方、バーバルモードには言語（音声・文字）が関与し、産出モードと理解モードがあります。いわゆる、「4技能」の中で、speaking と writing は産出モード、listening と reading は理解モードに分類することができます。

　通常、多くのタスクは、マルチモーダルに行われます。大学で政治学の講義を聴くというのはリスニングが主に関与するタスクですが、同じ授業で、ワークショップ形式を取り入れると、スピーキングやリーディングやライティングといった表現モードが関与するマルチモーダルなタスクになるでしょう。

　タスクと表現モードを一緒に考慮すると、「スピーキングタスク」「リスニングタスク」「ライティングタスク」「リーディングタスク」という概念が生まれます。同じリスニングタスクでも、大学の授業を聞くという場合と友人の悩みを聞くという場合とでは違いがあるでしょう。同様に、リーディングタスクの中には、割引率の高い店はどこかを調べる読み方と、文芸評論をするために読む読み方とでは違いがでてくるでしょう。

　4技能でいうスピーキングは、あくまでも表現モードです。スピーキング力を測定する際に、発音、単語の使い方、正確さ、流暢さなどが評価観点になります。ここで欠けているのは、**何のためのスピーキングか**ということです。一方、スピーキングタスクといえば、タスクの目的がはっきりしてきます。

　表現モードとタスクの関係は、いわゆる4技能モデルに対して、新しいモデルを示唆します。speaking は「技能」ではなく、表現モードです。そして、「技能・技法」はタスクを上手にこなすためのものです。このことを図式的にまとめると、「タスク」「表現モード」「技能・技法」

の 3 項関係からなるモデルができあがります。

| タスク | 表現モード | 技能・技法 |

例　新商品の発表　→　speaking　→　プレゼンテーション技法

　新商品の発表というタスクを行う状況を考えてみてください。主な表現モードはスピーキングです。そして、このタスクを効果的に行うには、プレゼンテーションという技法が求められます。プレゼンテーション技法には、「魅せ方」「メリハリ」「イラストの力」「間合いの作り方」などに関するテクニックが含まれます。そのテクニックが表現モードの上手な使い方に導き、それがタスクの出来栄えを決めるのです。

■ タスクの具体例

　ここでいうタスクをハンドリングするということは、英語で何ができるかということと同義です。タスクには言語を使わないで行うものと、言語を使って行うものがあります。私たちは生きている限り、さまざまなタスクを行いながら生の営みを行っています。買い物をする、犬を散歩させる、食事を作る、近所の人と談笑する、住宅のことで値段交渉を行うなどがここでいうタスクです。個人によってその内容や種類は異なりますが、言語を使うタスクを思いつくままリストすれば、以下が含まれます。

・興味・関心を含めて自己紹介を 1 分間で行う
・週末何をしたかについて、エピソードを取り上げ具体的に語る
・友人との雑談の中で、ある朝の行動について語る
・ある人物について外見と性格を 50 語ぐらいで語る
・ある商品の解説を 5 分で行う
・好きな男性に自分の思いをしっかり伝える
・ある問題解決型の会議の議事進行役を務める

・新規事業について現状分析を踏まえ、その可能性ついて議論する
・住んでいる町の様子を説明する
・スペインとイタリアの類似点と相違点について、スライドなどを使って説明する
・あるレストランでの1コマ（意外なこと）を語る
・学会で10分の研究発表を行い、質問に応じる
・書式に沿った形で15ページの投稿論文を書く
・メールでご無沙汰していることを詫び、近況を報告する

このタスクハンドリング力のことを英語教育では can-do と呼び、小中高の英語教育でも行動目標を示すのに用いられています。なお、タスクには入試の英作文を解くという課題も含まれます。しかし、個々のタスクにだけ注目してしまうと、その数は夥しいものになってしまい、収拾がつきません。「冷蔵庫の中に何があるかを述べ、今夜の夕食の献立について述べる」「犬に散歩をさせている人に、糞の始末をするように丁寧に伝える」「夏祭りの役割を配分し、課題は何かを示す」等々、タスクのリストはいくらでも長くすることができます。そこで注目すべきは、個々のタスクを行う際に使われる**タスクハンドリング・スキル**です。このスキルは数が限定的であり、同時に汎用性が高いものと思われます。以下は、ここでいうスキルの例です。

・人物を描写する
・事物・概念について描写する
・風景を描写する
・出来事を報告する
・過去の出来事について語る
・複雑な思いを描写する
・比較し描写する
・作品を批評する

・やり方を説明する
・意見を表明する
・問題解決の提案をする

なお、ここでリストしたスキルの事例のいくつかは、第11章の「プロダクション力を鍛える」で扱います。

■ can-do と can-say が両輪

英語力については、**何を行うことができるか**という can-do の側面に注目するだけでは十分ではありません。タスクハンドリングは英語の言語リソースを使って行われるからです。言語リソースは、**英語で何が言えるか**という意味において can-say だといえるでしょう。すると、**can-do と can-say は言語活動を行う際の両輪**ということになります。

タスクには簡単なものや難しいものがありますが、本来、タスクと使用する言語リソースに関する情報があって、タスクの難易度やハンドリングの可能性が判断されるのです。たとえば「電話でレストランの予約をする」というタスクを考えてみましょう。このままでは難易度の判定は難しいでしょう。しかし、以下の情報が加わるとどうでしょうか。

【タスク】　電話でレストランの予約をする
【can-say】　「日時」「人数」「庭に近い席を希望」「ネクタイの着用を確認」

このタスクをこなすためには、たとえば、以下のような内容を英語で伝える必要があります。

・マディソン・パークでございます。ご用件をどうぞ。
　Madison Park. May I help you?
・木曜の夕方に予約を取りたいのですが。
　I'd like to make a reservation for Thursday evening.

・4人です。

There will be four of us.

・庭園の近くのテーブルをお願いします。

Can we have a table near the garden?

・ネクタイとジャケットの着用が必要ですか？

Do you require a coat and tie?

　「人数・日時を告げて予約する」際の表現としては、reserve a table for three、at eight、tonight なども含まれます。また、希望の時間が取れないときに交渉する必要が出た場合、タスクの難易度はさらに高くなる可能性があります。その際の表現としては What time is available? や When do you expect an open table? などがあります。can-say は語彙力、文法力、慣用表現力を総合的に含む力であるといえます。

　このように、同じタスクでも、「どういう言語リソースを使って」という側面に注目することで、その難易度は変化するということです。

■ 言語リソースの３つの力

　言語リソースには、語彙力と文法力と慣用表現力の３つが含まれます。英語の単語を知らなければ何も表現できません。しかし、単語だけでは、内容を十全に伝えることはできません。そこで、文法力が必要となるのです。よく「文法ではなく会話を勉強したい」と言う人がいますが、文法のない言語は存在しません。言語を話す人は、必然的にその文法力を身につけているのです。あらゆる文には文法の血が流れていると述べた言語学者がいましたが、言い得て妙です。そして、「慣用表現力」です。この言葉は初めて耳にする読者が多いと思います。ある表現が反復され決まり文句のようになっているものを慣用表現といいます。日本語であれば、「おはよう」「こんばんは」「ごちそうさま」「よろしくお願いします」といった決まり文句のことをいいます。

　幼児期に英語圏に行き、そこで何年か過ごしてバイリンガルになった

という人がいますが、最初の時期は、Let me in.（仲間に入れて）、Way to go!（行くぞー！）、So what?（だから？）、Just because.（ただなんとなく）、Hang in there!（がんばって！）など決まり文句を耳から覚え、それを反復的に使うことで友達と遊び、遊びの中で英語力を身につけていくという経験をしているようです。

　このように、言語リソースには、語彙力、文法力、そして慣用表現力の3つが大きな柱として含まれます。以下では、英語の言語リソースを構成するそれぞれの要素について詳しく見ていきます。

Chapter 2

語彙力とは何か

　英語学習において重要な項目は何かという質問に対して、教師も生徒も「単語の必要性」を挙げます。そして、英語学習で困っていることは何かという問いに対しても、「単語がなかなか覚えられない」がリストの上位に挙がります。確かに、語彙力がなければ何も話せません。

　「英単語をいくつ知っていますか」と問うたとしましょう。語彙力がないと嘆いている人でも、少なくとも 2、3 千語ぐらいは知っているはずです。にわかには信じられない話かもしれませんが、日本語には、英語由来のカタカナ語がたくさんあります。

　テニスやゴルフやサッカーなどスポーツ用語は英語をそのまま使う場合がほとんどです。「ブレーク（break）」「ラケット（racket）」「グリップ（grip）」「スタンス（stance）」「ショット（shot）」「ポイント（point）」「マッチゲーム（match game）」「クレーコート（clay court）」「アンパイア（umpire）」「バックコート（backcourt）」「ラブ（love）」「エース（ace）」などすべてテニスで使う用語です。

　コンピュータ関連の用語も英語をそのまま使うのが一般的です。「バグ（bug）」「ソフトウエア（software）」「ダウンロード（download）」「リセット（reset）」「ギガバイト（gigabyte）」「オンライン（online）」などいくらでも思いつくでしょう。色彩語などもその多くがカタカナ語（「モスグリーン」「ピンク」「ダークブラウン」など）ですね。また、新型コロナに関連した語句として、「オーバーシュート（overshoot）」「クラス

ター（cluster）」「ソーシャルディスタンス（social distancing）」「ステイ
ホーム（stay home）」「サージカルマスク（surgical mask）」など、どん
どん増えていきます。

　それでも英語の語彙力がないと考えている人が圧倒的に多いのも事実
です。語彙力が単純に「単語数」だけの問題であれば、多くの日本人は
かなりの語彙力があるはずです。日常的に何気なく使っている英単語、学
校で学んだ英単語など、見ればわかる単語の数は決して少なくないはず
です。では、「語彙力がない」という実感は何に起因するのでしょうか。

　第一に、いざ英語を使おうとすると、知っているはずの英語が出てこ
ないということから語彙力がないと感じているということが考えられま
す。見ればわかるけど、実際に使うことができないということです。専
門的には、個人の語彙を「**産出語彙（productive vocabulary）**」と「**受
容語彙（receptive vocabulary）**」に分ける慣例があります。受容語彙
が産出語彙に勝るというのが通例です。しかし、日本人英語学習者の場
合、**産出語彙の数があまりにも限られている**ところに語彙力のなさを感
じる原因があるのだといえます。さらに言えば、受容語彙についても記
憶が曖昧なため、うろ覚えのままで記憶している人が多いように思われ
ます。たとえば、英語の認定試験で高得点を獲得した人でも、geometry
と geography の区別があいまいで、実際に使う際には混乱する人が多
数見受けられます。

　第二に、**日常生活を営むうえで、必要な単語がわからない**というこ
とが、「語彙力がない」ということの原因として考えられます。「枝毛がた
くさんある」と言いたくて「枝毛」の英語がわからないというのがその
例です。「三週間前の日曜日に（three Sundays ago）」「石鹸を泡立てる
（make a lather）」「二重顎になってきた（have a double-chin）」「ヘラで
卵を返す（turn the egg over with a spatula）」など日本語であれば、ごく
当たり前に使っている表現を英語にしようとしたら出てこないというこ
とです。これは「**日常の英語化の語彙**」の不足と呼ぶことができるで
しょう。

第三に、単語の数というよりも、**単語を使い切ることがきるかどうか**も語彙力のあるなしに関係してきます。break は「こわす」という意味だと単純に考えていると、break を使い切ることはできません。「100㌦札をくずしてほしい」とき、Can you break a hundred dollar bill? と言います。また、「馬を飼いならす」という状況でも break a horse という言い方をするのが一般的です。「お金をくずす」とか「馬を飼いならす」というのは日本語では当たり前に使う表現です。これを英語で表現できないということは日常を英語で表現できないということでもありますが、さらにいうと、break という基本的な動詞を使い切れないということです。

　そして、第四に、雑誌や新聞を読もうとしても、知らない単語が続出するという経験があれば、これも「語彙力がない」と思えてくるはずです。たとえば、以下の英文を読んでみてください。

April 10, 2018 The New York Times

WASHINGTON – The FBI agents who raided the office of President Trump's personal lawyer on Monday were looking for records about payments to two women who claim they had affairs with Mr. Trump as well as information related to the role of the publisher of the *National Enquirer* in silencing one of the women, according to several people briefed on the investigation.

捜査概要の説明を受けた何人かの人たちによると、月曜日、トランプ大統領の事務所に家宅捜索をかけた FBI 捜査官たちはトランプ氏と不倫の関係だったという二人の女性に対する支払いの記録、それと同様に女性のひとりを黙らせることにおいてナショナル・エンクワイアラー誌の出版社の役割に関する情報を探していたとのことだ。

　本書の読者の方々はほとんど何の苦もなくこの英文を解釈することができるでしょう。しかし、高校 1 年生だとどうでしょうか。raided – lawyer – payments – claim – affairs – role – Enquirer – silencing –

briefed – investigation が未知語だとすれば、大意をとることも容易ではありません。英文を見て、見慣れない単語の数が 5 パーセントを超えると読解は難しくなります。

このように、語彙力の増強を図る必要があるといっても、その対策を考えるうえで、語彙力のどこが足りないかを押さえておく必要があります。弱点を補強するというのは確かに有用な方略です。がしかし、語彙力を高める指導において最も大事なことは、「語彙力とは何か」という語彙学習の前提になる問題について明らかにしておくことです。

■ 語彙力とは何か

単語の指導は英語教育において不可欠です。このことに異論をはさむ人は皆無だと思います。しかし、単語を学ぶという際に、何をすればよいのか。ただ単語を覚えるというだけでは肝心の語彙力につながりません。問題はここでいう「語彙力」とは何かです。この基本的な問いに対する、理論的に裏打ちされた定義というものは、学校現場でも、テスト開発の分野でも意外と共有されていないというのが現状です。たとえば、英検の単語に関するテストを例にとってみましょう。問題作りの手順として、まず語彙力の定義があって、そしてそれを測定するためのテスト項目の開発を行うというふうにはなっていません。これは英検だけの話ではなく、GTEC、TOEIC、TOEFL なども同様です。もっとも、こういう標準テストは語彙力をテストするというよりも、英語力全体を測定することを目的としています。しかし、英語力全体を測定するという際に、「英語力」を定義する必要があり、そして英語力の定義には必ず語彙力の定義が含まれるはずです。

学校英語において、**語彙力を定義しないまま、単語を指導するというのは、原理をもたない指導**であるとの誹りを免れません。教科書に出てきた単語を指導するという際に、既習単語に未習単語を加えていくというやり方か、あるいはある単語帳を生徒に購入させ、単語帳の単語を覚えることを単語指導とするというやり方が、総じていえば、伝統的な単

語指導だったし、今でもかなり多いと思います。もちろん、全国の学校では、単語指導に工夫を凝らしている先生方も少なくないでしょう。しかし、語彙力というものをスッキリした形で定義したうえで、すなわち、目指すべき目標を可視化したうえで、指導の工夫をしているという先生方は多くはないというのが筆者たちの印象です。

　一言で、そして思い切っていえば、**「単語指導法」というものは未だ確立していない**ということです。指導上困っているのは何ですかという問いに対して、多くの先生方が単語指導を挙げるという事実はそれを物語っています。

　語源に注目する指導、接頭語や接尾語に注目する指導、分野別の語彙に注目する指導など個々の指導法で有効なものは実践されています。問題なのは、そうした指導法を統合するような原理がないまま、「このやり方は有効だった」と述べ立てても、それはしっかりとした根拠をもたない手法になってしまうということです。

■ 語彙力の定義

　では、「語彙力とは何か」ですが、**基本語を使い分け、使い切る力としての基本語力**と、**いろいろな話題について語る十分な数の単語としての拡張語力**の２つから構成されます。基本語力が語彙力の基盤になり、その上に拡張語力が広がるイメージで捉えることができるでしょう。

拡張語力：
さまざまな話題について
十分に表現するための語彙数

基本語力：基本語を使い分ける力と使い切る力

　次章では基本語力を取り上げます。

Chapter 3

基本語力を身につける

■ 基本語力

単語の指導を行う際に、「基本語力」という概念をもつこと自体がまず大事です。というのは、概念は目標を定める効果をもつからです。換言するなら、「基本語力を育てる」という自覚をもったとき、はじめて、体系的に基本語の指導を行おうという気持ちになるのだといえます。

「基本語力」という概念がなければ、基本語のほとんどは中学校で学んだ「既知語」として処理され、高校生になってからも体系的な指導の対象になることはまずありません。なお、ここでいう基本語は中学校の英語で導入されるような単語のことをいいます。品詞的には、動詞、形容詞、副詞、名詞、前置詞、代名詞、接続詞などが含まれますが、その数は 500 語ぐらいだと思います。そして、その 500 語の中でも重要なのが**英語のエンジン部分になる動詞**（50 語ぐらい）と**ハンドル部分になる前置詞**（25 個ぐらい）であるといえます。われわれ著者は英和辞典の編者を務めた経験がありますが、そこで、面白いことに気づきました。通常、学習英和辞典というものは 2000 頁ぐらいの書物です。その中に約 10 万語の単語を載せるわけですが、500 語ぐらいの基本語が占める割合は 50％を優に超えるという気づきです。it や that だけでなく、get や put や take など基本動詞は数頁に及ぶ記述内容になっています。これは、基本語の表現力がいかに大きいかを物語っています。そこで、基

本語力を育てることは英語教育の必須条件になると考えるようになりました。

　基本語力とは「**基本語を使い分け、使い切る力**」のことであると上で述べました。**一般化力と差異化力**と言い換えてもいいでしょう。一般化力、すなわち「使い切り」に関してエピソードを1つ紹介します。先日、高校生250名ぐらいを対象に講演を行いました。その中で、「目薬を差す」を英語でどう言うか、という質問をしました。日本語で「目薬を差す」はごく日常的な表現です。がしかし、生徒の中に、それを英語で表現できるものはいませんでした。これは、高校生だけの話ではなく、筆者の一人（田中）が長らく教鞭をとっていた慶應大学湘南藤沢キャンパスの学生も結果は同様でした。「目薬を差す」を英語では put を使って、put some eye drops in one's eyes といいます。たとえ put という単語自体は知っていても、使い切れていないということです。

　また、**差異化力**、すなわち「使い分け」も重要です。「（生きた）魚をとる」は catch fish であって、take fish とはいいません。「一等賞をとる」は get (the) first prize とも take (the) first prize ともいいますが、「一等賞を受け取る」という意味合いであれば take が選ばれます。使い分けは前置詞になると一気に難しくなると、感じている人が多いようです。「ビンのラベル」は the label of the bottle ではなく、the label on the bottle といいます。「頭にたんこぶができた」は He has a bump on the head. であって、a bump in the head ではない、といった具合にです。

　基本語は「中学校で学ぶ簡単な単語」ではなく、「**英語表現の基盤になる単語**」であるという認識をもつことが大切です。そして、そのうえで基本語力を鍛える体系的な指導を行うことが求められるのです。

■ 基本語力が弱い

　たいていの日本人学習者は、make, take, put, give など基本動詞や on, in, over, across など前置詞は、見れば「知っている」と答えるでしょう。しかし、それを使い分けたり、使いこなしたりすることができるか

といえば、必ずしもそうとはいえません。wear といえば「衣類を身につけている」という意味だと知っているでしょう。そして、put on が「身につける」という動作だとすれば、wear は「身につけている」という状態を表すということも知っているでしょう。しかし、以下の文章で wear を使うことができるでしょうか。

> ジーンズの膝に穴を開けてしまった。
> （ことわざ）点滴は石をも穿つ。
> 彼女の不平にはくたびれるよ。

これらは、それぞれ、次のように表現することができます。

> I've worn a hole in the knees of my jeans.
> Constant dripping will wear the stone.
> She has worn me out with all her complaining.

たかが wear、されど wear です。

　また、run という動詞にしても「走る」という理解だけでは十分ではありません。Blood ran from the boxer's left eye. といえば「血が流れる」ということだし、My nose has been running for days. だと「鼻水が出る」、そして Her eyes ran with tears of joy. だと「喜びの涙であふれる」という意味合いになります。この応用として Artistic talent runs in her family. といった使い方がありますが、これは「彼女の家族には芸術の才能の血が流れている」という意味です。I feel like I am running around in circles trying to deal with this problem.（この問題に対処しようとして僕は堂々巡りをしているような気がする）だとか Prejudice runs deep in that part of America.（アメリカのその地域には偏見が根強く残っている）といった使い方もあります。これはほんの数例にすぎませんが、run が使える（run を産出語彙にする）ということは、こうした

使い方が自由にできるようになることです。

■ 基本動詞の意味の捉え方：run を事例にして

どうすれば run のような基本動詞を使いこなすことができるようになるでしょうか。それぞれの用例を日本語にしていけば、run の意味は途方もないものになります。しかし、**run のような基本動詞にはたくさんの「意味」があるのではありません**。結論を先にいうと、run には共通のイメージがあり、それがさまざまな状況に投影されているのです。ここでいう共通イメージのことを「コア」とか「コアイメージ」という言い方をします。

少し言語学的な話になりますが、run のコアを想定する背後には、**「形が同じなら共通の意味がある」**という前提が働いています。すなわち、run という動詞が使われる限りにおいて、そこには共通のコアイメージがあるということです。

run のコアイメージをコトバで説明すれば、**「一方向に（すらすら）流れるように移動する」**あるいは**「ある方向に、連続して、滑らかに、動く」**となり、これをイメージで表すと、以下のようになります。

run のコアイメージ

ある方向に向かって、途切れることなくスルスルっと流れる感覚が run にはあるということです。典型的な使い方の 1 つである He's running along the beach. にしても、一方向に連続的に移動するというイメージがそのまま生かされています。This river runs east. のように「川の流れ」にも使えるし、道路計画の話をしていて This new road will run through the beautiful forest. といえば、「新しくできる道路は美しい

森を抜けていく」という意味合いになるでしょう。道路が移動するわけではありませんが、話し手の視点を投影した run の使い方だといえます。日本語でも「痛みが走る」という言い方をしますが、英語でも The pain runs from my foot to my knee. のように run を使って表現します。The show ran on Broadway for years. は「そのショーはブロードウェイで何年も公演（上演）された」という意味合いですが、ここでも「長きにわたって途切れることなく上演された」様子を run で表現しています。そういえば、a long run（ロングラン）という言い方がありますが、これも「途切れることなく連続的に」という意味合いが含まれた表現です。「彼の仕事はうまくいっている」という状況を His business runs well. といいますが、「途切れることなく順調に展開する（流れる）」ことがここでも run で表現されています。

■ 使い分け

　このように、一見したところ多様で複雑に見える run の使い方も、その根底には共通のコアイメージが働いています。辞書などに書かれている日本語の「意味」は **run の意味というよりむしろ、run が使われる状況**を描写したものであるといえます。

　基本語力には「使い切り」の側面だけでなく「使い分け」の側面もあります。たとえば、同じ「保つ」の意味合いの hold と keep の使い分けであるとか、同じ「投げる」の意味合いの throw と cast の使い分けなどがその例です。実は、**この使い分けを可能にしてくれるのもそれぞれのコアイメージ**です。

　用例のレベルでみれば、使い分けが判然としないというものも、コアイメージのレベルでみると、それぞれの違いが見えてくるということです。違いがわかるだけでなく、それぞれの語の意味の拡がりもコアイメージを通して理解することができるようになります。たとえば、throw のコアイメージは以下のように表現することができます。

throw

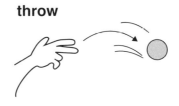

　throw のコアは「すばやくサッと投げる」というものです。「彼は石を池にさっと投げた」だと He threw a stone into the pond. と言います。投げるといっても「すばやく」「さっと」という感じがあり、「腕のすばやい動き」が感じられます。「ペンを投げて」、だと Throw me a pen. といいます。She threw her arms around her boyfriend. だと「彼女は恋人に抱きついた」ということですが、腕をさっと投げるという感じが生かされています。「ピッチャーは三球連続ストライクを投げた」は、もちろん、The pitcher threw three consecutive strikes. と表現します。

　格闘技か何かで I'll throw you down in three minutes. といえば「お前を3分で倒してやる」という感じです。「ハンマー投げ」のことも the hammer throw といいます。また、I took the test and failed. That threw me off. といえば、「試験を受けて失敗したことが、僕を驚かせた」ということですが、「投げ飛ばされるほど驚いた」という感じですね。

　一方、cast も「投げる」ですが、He cast a stone into the pond. と言えば、「石を池にさっと投げた」というよりも、「石を放った」という感じです。throw と cast をコアイメージ上で比較してみましょう。

throw　　　　　　　　　　　　**cast**

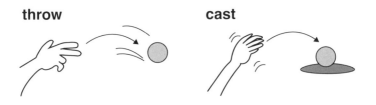

cast は「網を打つ (cast a net)」だとか「釣り糸を放つ」という際に典型的に用います。It is difficult to cast a fishing line smoothly.（釣り糸を滑らかに放つのは難しい）がその例です。「さいころを振る」場合にも cast dice といいます。「(計算して) 放つ」が cast のコアです。先ほどの「釣り糸を投げる」の cast a fishing line では、cast の感じがよく出ています。映画などの出演者のことを日本語でもキャストという言い方をしますが、英語でも名詞で cast といいます。動詞の cast には「役などを割り振る」という意味がありますが、それは**計算して (よく考えて)配役を割り振る**ということです。選挙で票を投じる際にも cast は使われ、I haven't decided how to cast my vote. は「僕の票をどう投じるは決めていない」ということです。「不安げな顔つきを見せた」という場合にも cast が使われ、She cast nervous looks over her shoulder. だと「彼女は肩越しに不安げな顔つきを見せた」ということです。これは「放つ」の部分が強調された用例です。

このように throw と cast のコアを理解することで、同じ「投げる」でも両者は違うということがよくわかるはずです。

■ 基本動詞の学び方

コアイメージを通して基本動詞の意味感覚を身につけること、これがここで提案したいことです。これまでさまざまな研修を通してこの提案が有効であることをわれわれは実感してきました。社会人研修では、ほとんどの受講者が、「中高時代にこういう考え方を学んでいたらよかったのに！」というコメントをしています。

実際の提示の仕方としては、「put = 置く」といった安易な 1 対 1 の対応で put の意味を理解しないように**複数の用例を提示**することです。たとえば、以下がその例です。

(1)　Put your laptop computer here on the table.

(2)　Put this picture on the wall.

(3)　　Put an 84-yen stamp on the envelope.

（1）の用例だけだと「put は置くという意味なんだ」という捉え方を誘発してしまいます。しかし、（2）と（3）が同時に示されることで、「置くだけじゃなくて、掛けるとか貼るという意味にもなるんだ」と生徒は考えるかもしれません。ここで教師は、put は「何かをテーブルに置いたり」「何か壁に掛けたり」「何か封筒に貼ったり」する状況で使うことができる、ということを指摘します。**「状況」というコトバを使うところがポイント**です。ここでの狙いは、**プッタブル（puttable）な状況を生徒に理解させること**です。すると、生徒からすれば、put はいろいろな状況で使うことができる動詞だと考えるでしょう。ある程度 put の使い方に慣れてきた段階で、ペアかグループになって put の意味を考える課題を与えるといいでしょう。「put の意味」は「ここで示した 3 つの状況に共通する内容」であることをヒントとして伝えます。生徒の「コア発見課題」から次のようなコトバがでてきたらしめたものです。

何かを動かす

何かをどこかに動かす

何かをどこかに位置づける

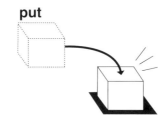

　コトバで説明するだけなく、イラストを描かせる課題を行うとコアの発見がより簡単に、そしてより楽しくなるはずです。実は、コア発見課題でイラストとコトバを用いるのには理由があります。以下で説明します。

■ 意味形成の原理

　母語の場合、**基本動詞の意味は個人内に体験的に自然に創発するもの**です。日本語を例に考えてみましょう。私たちは、「とる」とか「かける」という動詞をいろいろな状況で使うことができます。使い方を用例としてたくさん覚えただけかといえばそうではありません。「とる」と「かける」は違う意味だということを直観的に知っているからです。また、「A君に昨夜電話をかけた」とはいいますが、「A君に昨夜ラインをかけた」とはいわないことも直ちに判断できます。それが可能なのは「かける」とはどういうことかを**直観的に知っているからです**。

　ここで母語話者は意味を「直観的に」知っているという言い方を繰り返しました。直観は教わった何かというよりも、自然に身についた何かを表すのにぴったりのコトバです。どのようにして直観としての意味が内在化するのかといえば、「それは概念形成の過程を経てである」と答えるのが正解です。知覚可能な動作を表す動詞の概念形成は、**一般化、差異化、類型化の相互作用**を通して行われます。

　一般化とは、「とる」という動詞をいろいろな状況に使い、使用域を拡張することをいいます。「生きた魚」は「とる」ことができますが、「死んだ魚をとる」とはいいません。そこで、状況に応じて、差異化を図る必要がでてくるのです。ここでは、「とる」と「つかむ」の差異化です。一般化によっていろいろな状況で「とる」という動詞を使う体験をします。もちろん、「とる」が使えない状況では別の動詞を使うといった差異化との相互作用の中で一般化が行われるということです。しかし、一般化と差異化の2つだけでは概念形成は行えません。

　「用例をできるだけたくさん覚えればよい」という素朴な考え方は、概念を内在化しないまま、ひたすら用例を蓄積するということにつながります。通常、人は、コトバを使いつつ、その概念を形成していくのです。簡単な例として「犬」を取り上げてみましょう。「犬」は、大きさ、色、鳴き声、相貌においてさまざまなイヌを指す言葉です。もちろん、「これは犬だがこれは猫である」といった差異化も同時に行っていきま

す。そして、この一般化と差異化の経験を通して、実は、**類型化という無意識の作用**も働きます。類型化とは、専門用語では、token（個別具体的事例）を type（類型）に変えていく作業のことをいい、英語では、typification と呼びます。この類型化が作用するおかげで、「犬とはどういうものか」「猫とはどういうものか」といった、まさに犬とか猫の概念をもつことができ、それを使って、初めて見た動物を「これはどちらかといえば犬より猫だ」などといった判断をすることができるのです。もっといえば、「これはかわった犬だ」「これは大きい犬だ」という言い方ができるということは、**人は「犬らしい犬」の基準をどこかに直観としてもっている**からです。そうでなければ、「変わった」とか「大きい」という相対的形容詞の使用は原理的にできません。

　これは、名詞概念の話ですが、動作動詞の場合も同じです。ある動詞をいろいろな状況に他の動詞と差異化しながら使用するという経験の中で、人は（無意識のうちに）その動詞の類型概念のようなものを形成します。英語でいえば、action-based schema と表現することができるでしょう。この **action-based schema** が上でいう「コアイメージ」にほかなりません。

　ここで留意したいことがあります。それは、**put など動作動詞の「意味」はコトバでは表現できない**ということです。コトバであるコトバの意味を記述しようとすれば、それは言い換えでしかなく、意味そのものを捉えることにはならないからです。そこで、**直観としての類型概念（本質的な意味）を表現するためには、イメージのような図式を用いる**必要があるわけです。こういった事情を踏まえて、認知言語学などでは image-schema（イメージ図式）という言い方をし、それは、経験から創発する概念であるという主張を行っています。

　しかしながら、図式であれ、イメージであれ、イラストであれ、それ自体は多義的で何を表しているのか判然としない場合があります。その**曖昧性を縮減するのにコトバによる記述を用いる**わけです。上の put は図式的にコアイメージを表現することができます。しかし、このイメー

ジの意図するところを「**何かをあるところから動かして、あるところに位置させる**」と記述することで明らかにすることができます。この記述には 2 つのことが含まれています。それは、「あるところからの移動」と「あるところへの位置づけ」という 2 つです。「あるところに位置づける」だけでは、set や place や position などと差異化することができません。しかし、「移動」が加わるところに、put の put らしさが生まれるということです。set, place, position はすべて、「位置づける」ところに焦点が置かれた動詞であるのに対して、put は「移動して位置づける」というところにその特徴があります。

　このように、基本動詞を捉えるためのコアというものは、**概念形成の過程を経て形成される原理的に裏打ちされた考え方である**ということ、それに、**コアを記述する際には、イメージ図だけではなく、適切な記述を用いる必要がある**ということ、この 2 つを重視しておきたいと思います。なお、前述したように、いわゆる辞書などに記載されている「語義」というものはその単語の本来の意味ではなく、**その単語が使われる状況を日本語で表現したものである**ということです。

■ コアイメージの適用範囲

　上では、基本動詞、中でも、動作動詞を取り上げ、コア理論の有効性と応用可能性について見てきました。このコア理論はどこまで適用可能なのかという問題が出てきます。結論を先に述べると、コア理論は、**動作動詞と前置詞においては間違いなく有効である**ということです。動作動詞というのは、動作を伴う状況を描写する動詞のことで、知覚可能であるという特徴があります。知覚可能ということは、動作の共通性のようなものを抽出することができるということです。これは、ちょうどリンゴの概念形成の仕方と通じています。リンゴは知覚可能な対象で、大きさ、色、味など多様な対象が「リンゴ」の範疇に含められます。しかし、われわれは知覚可能なリンゴを多数経験する中で、「リンゴらしいリンゴ」の特徴のようなものを無意識のうちにピックアップし、概念を

形成します。同じことが、「とる」とか「なげる」という動作にもいえます。

　動作動詞と前置詞には共通性があります。いずれも、2つのモノを関係づけて、ある出来事あるいは空間関係を表現することができるという特徴です。たとえば、Naomi read a novel. という文を見てみましょう。ここで動詞は read、そしてその動詞が関係づけているのが Naomi と a novel です。同様に、a picture on the wall の前置詞を見てみましょう。ここでも、on が関係づけるのは a picture と the wall の2つのモノです。read は出来事を表現し、on は空間関係を表現しています。このいずれも、f(x, y) という関数で表現することができ、f にあたる read や on は x と y の変数の値を関係づけることができるということです。これは、同時に、**動詞や前置詞の意味というものが関数的である**ということを物語っています。名詞の the sky がある知覚対象を指すのに対して、動詞や前置詞は物という対象は何も指さないということです。

　このことから名詞の意味と動詞や前置詞の意味はその性質が異なるといえるでしょう。品詞論的な意味論が英語教育の語彙指導を支える理論として求められるということです。

　では、コア理論は動作動詞と前置詞に限定するのか、という質問に対してどう答えればよいでしょうか。ここで少し、専門的な話に付き合ってください。上述の通り、「リンゴ」は知覚対象です。つまり、色や形が見えるということです。そして、たくさんのリンゴの経験からリンゴらしいリンゴの色や形や大きさを抽出することでリンゴの概念を形成することができます。同じことが、「とる」とか「つかむ」といった動作動詞においてもいえます。

　しかし、名詞の中には「尊厳」とか「正義」といったものがたくさんあります。これらが指すのは知覚対象ではなく、**観念対象**です。観念対象は、一般化、差異化、類型化の概念形成過程を経て、その概念の形成を行うことはありません。むしろ、ここで求められるのは「**定義**」です。「正義とは正しいものごとの道理のことをいう」といった定義です。

英語でも define といいますが、そもそもあいまいで**抽象的な観念対象に形を与えるのが define** という行為であり、日本語では定義（意味を定める）ということです。動詞にも、declare とか denounce といった具体的な動作を伴わない動詞があります。これらは、概して、多義性の程度が低く荒っぽい言い方をすれば、「その意味を覚えれば済む」といった動詞群です。しかし、これらの意味（概念）はどうやって決まるかといえば、これも広義の「定義」です。declare はたとえば「何かを公式に宣誓する」と定義され、「広く周知する」の announce とは差異化されます。このように、動詞の中には、コア理論を適用しにくいものが含まれます。

　形容詞は、どうでしょうか。基本動詞の意味論がある一方で、名詞の意味論というものが考えられるというのが品詞論的な意味論のポイントです。形容詞は、名詞を修飾するという特徴があり、指す対象の差異化に大きく貢献しています。結論をいえば、形容詞の基本的なものはコアとして記述することが可能だという立場をわれわれは採っています。

　たとえば、high と tall を比べてみましょう。この違いはコア的な意味の違いとして記述することが可能です。

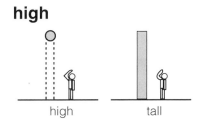

high は高い位置に焦点が当たる形容詞です。モノの「長さ」を問題とせず、「高さ」に焦点が当てた表現だということです。そこで、高い山に登って「これは高い」は This is high. というでしょう。一方、tall はあるものが垂直方向に伸びた結果「高い」という意味合いがありま

す。ある高さまでの距離に焦点が当たる形容詞です。たとえば a tall window だと「（床から伸びた）細長くて背の高い窓」の意になります。

一方、a high window だと「高い位置にある窓」となります。このように、high と tall の違いは、コアの違いとして記述することが可能です。

■ 基本動詞の教材の作り方

ここでは、take を事例にして具体的にどのような基本語力を高める指導案を作成すればよいかを見てみましょう。まず、take の活用形を示します。

TAKE

take, took, taken, taking

次に、「見てみよう！」に移ります。ここでは、実際の生きた take の用例を示します。どういう意味か考えるというのがここでの狙いです。

■ 見てみよう！

国立公園などを散歩していて看板を見かけた、という状況。
ここで take の意味を考える。

Take nothing but pictures.

Leave nothing but footprints.

Take nothing but pictures. は「写真はいいけど、何も盗ってはいけない」という意味合いです。国立公園なので珍しい植物があるかもしれません。take は「盗む」や「写真を撮る」という状況で使うことができることに注目するのです。

次に、「いろいろな take」ということで、take が使われるいろいろな状況を、日本語を手掛かりにしながら示します。

42

▐ いろいろな TAKE

撮る……Let's take a picture of the mountain.

盗む……He took a ring from the store.

連れていく……Take me to the moon.

（時間などが）かかる……It takes 3 hours to get there.

（乗り物に）乗る……Do you take the subway to work?

（体温などを）測る……Let me take your temperature.

このまま日本語との対応でみると、take にはたくさんの意味があり、以下のような語義をもつ動詞であるという印象を抱いてしまうかもしれません。

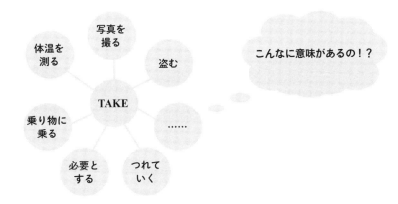

しかし、実際は、ここでリストしたのは **take が使われる状況を日本語で示した**にすぎません。そこで、take の本来の意味としてのコアを以下のように示します。

■ コアで理解

take

このコア図式だけでは意味がわかりにくいので、以下のような説明を加えます。

> ■ 説明
>
> take のコアには、何かを自分のところ（HAVE 空間）に取り込むような移動が含まれる。つまり、外から内への移動が感じられなければ take は使わない。HAVE 空間は所有空間だけでなく経験空間でもある。たとえば、take a walk では、経験空間の中に散歩を取り込むということ。It takes 3 hours to get there. の take は「必要とする」という意味合いだが、「そこに行くこと」が「3 時間を取り込む」ということから「3 時間かかる」という意味になる。The plane took off.（飛行機が離陸した）のような自動詞用法では、取り込む対象は「自分自身」ということになり、飛行機が滑走路から離れる様子を take off で表す。I can't take it anymore.（もう我慢できないよ）は会話では頻出表現だが、何かをこれ以上自分のところに取り込むことができない、という意味合い。

次に、take の用例に立ち戻り、コア図式がそれぞれの用例にどのように働いているかを確認します。異なった用例が1つのコアでつながることを実感させるのです。

■ イメージングの力

1. Let's take a picture of the mountain.

   イメージ：向こうに山、移動の矢印、カメラの中での山の写真

   ↓山の絵を写真機で自分のものにするということ。

2. He took a ring from the store.

   イメージ：宝石屋で泥棒が指輪に手を伸ばし、自分のふところに収める

   ↓泥棒が主人公なので指輪を不法に take するということ。

3. Take me to the moon.

   イメージ：願望を表す吹き出し。誰かが私を連れて、月に移動

   ↓誰かが私を手にして（take）月まで移動するという感じ。

4. Do you take the train to work?

   イメージ：仕事場が示される。そこに行く手段としてバス、電車、船
   がある。そして電車を選ぶ

   ↓ ride a train ならただ電車に乗るということ、catch a train であれ
   ば、電車を捕まえる（間に合う）という意味合いがあるが、take を
   使うと交通手段として選択するという意味合いが出てくる。

5. Let me take your temperature.

   イメージ：誰かが寝ている。体温計を当てる。体温が数値として出て
   くる

   ↓体温計で体温を数値として take するということ。take a picture と
   考え方は同じ。

6. It takes 3 hours to get there.

   イメージ：ある場所まで移動することが 3 時間を要する

   ↓「そこに到着すること」という行為が 3 時間を取り込む、というこ
   とから 3 時間を要する、という意になる。

文字情報を参考にしながら、英文のイメージを掴み、コアとの関連性に注目する。

　これらの6つの用例がコアでつながった段階で、イメージを頭に描きながら、瞬時に英語で表現できるようにします。これを自動化と呼びます。

▌　イメージを描きながら音読

動作をイメージしながら6文を3回音読することで、表現の自動化を図る。

1.　Let's take a picture of the mountain.
2.　He took a ring from the store.
3.　Take me to the moon.
4.　Do you take the train to work?
5.　Let me take your temperature.
6.　It takes 3 hours to get there.

　次に、take が会話の中でどのように使われるかを見ていきます。ここでもコアを意識しながら take の意味合いを理解することがポイントです。

▌　スキットでエクササイズ

＜……＞内のつぶやきを、take を使って英語で表現しよう。そのうえで、会話文をペアで演じることで、take の自然な使い方を身につけよう。

　（1）　ジョンに会いたいという来客を迎えて
　A:　Is John here?
　B:　No. He's out right now. ＜伝言でも受けとくかな……＞
　　　Shall I [take a message to him]?

---

(2)　東京から小倉に早く着く交通手段が話題

  A:　What is the best way to get to Kokura from Tokyo?
　　　　＜飛行機が一番早いに決まっている……＞

  B:　[Taking the plane] is the quickest way.

(3)　バスで国立美術館まで向かう

  A:　＜目的地の国立美術館に着けるかどうか不安だな……＞
　　　Will this bus [take me to the national museum]?

  B:　Yes, it takes about 15 minutes. I'll let you know.

(4)　頼まれた仕事をすぐに片付けるよという友人に対して

  A:　I'll have this done in just a minute.
　　　　＜ゆっくり時間をかけていいよ……＞

  B:　[Take your time]. I'm not in a hurry.

(5)　店でドレスを買う場面

  A:　This dress looks great on you.
　　　　＜じゃあ、買うことにしよう……＞

  B:　Thank you. I'll [take it].

　仕上げとして、take の用例をさらに増やすといいでしょう。ここで
も、コア図式とそれぞれの用例がどのようにつながっているかを理解す
ることが大事です。

■ もっと TAKE

1. Take me home, to the place I belong. [歌 Country Road]
   故郷に連れて行っておくれ、僕の故郷へ。

2. Hey, Jude. Don't make it bad. Take a sad song and make it better. [歌 Hey, Jude]
   （ヘイ、ジュード。悪く考えないで。悲しい歌だけど受け止めて、よくしていこうよ。）

3. I won't take no for an answer.
   （嫌とはいわせないぞ。）[→返事として no は受け取らない]

4. If you want to be taken seriously, you need to watch your language.
   （ちゃんと相手にしてほしければ言葉遣いに気をつけな。）

5. Shall we take a walk around the lake?
   （湖のあたりを散歩しましょうか。）
   [→ a walk は軽くひと歩きすること。それを TAKE する]

6. Don't take too much sugar.
   （砂糖を取りすぎないように。）

7. Father takes the dog for a walk before breakfast.
   （父は朝飯前に犬を散歩に連れて行く。）

　以上のように、take という動詞の持ち味を大切にしながらエクササイズを作ると、生徒が動詞を使い切ることができるようになるでしょう。基本動詞、前置詞の力をつけるエクササイズとしては有効だと思います。

Chapter 4

拡張語彙力を育てる

　基本語力が語彙力の基盤だとしても、いろいろな話題や場面について語る単語を知らなければ表現力は限定されます。たとえば、court of justice – trial – proceedings – lawsuit – judge の単語をリストすれば「裁判」を連想するでしょう。言い換えれば、以下のような単語を知らなければ、裁判について語るのは困難です。

裁判所 court of justice
裁判 trial（主に刑事裁判）
法廷 court
正義 justice
裁判沙汰 (court) proceedings
訴訟・告訴 lawsuit
裁判官 judge
＊裁判所の裁判官全員を指すときには、the court または the bench という。

裁判長 chief justice
検察官・検事 prosecutor
弁護士助手／パラリーガル
　　paralegal / legal assistant
法律の専門家 jurist

起訴 prosecution / indictment
傍聴人 public observers
告訴 accusation, litigation
被告人（主に民事訴訟）defendant
被告人（主に刑事訴訟）accused
証人喚問 witness summons
証言 testimony
偽証 perjury
虚偽 intentional lying
冤罪 false accusation
罪状認否 arraignment
未必の故意 willful negligence
判決 judgment
刑 penalty

控訴・上告 appeal	被告席 dock
判事 judge	証人 (eye)witness
地方検事 district attorney (=D.A.)	告訴（民事の）complaint
弁護士 lawyer, attorney	示談 private settlement

裁判は拡張語彙の中の1つの話題領域です。ほかにも「株」「軍事」「野球」「病院」「学校」「電車」などその規模はそれぞれですが、さまざまな話題領域あるいは場面領域というものがあります。拡張語彙力の指導のために準備したいのは**「領域マップ」**というものです。生徒の関心とか教育的配慮から場面・話題領域を選定します。領域の選定には、学年や教科目標なども考慮に入れます。領域マップはいわばハイパーテキストのような形で整理するもので、外枠は、「学校」「通学」「映画」「社会問題」「気候変動」「国際協力」など、場面と領域の両方を考えて取り扱う内容をマップとして示します。たとえば、場面領域として学校に注

語彙領域マップ：日常編と社会編

目した場合、「部活、教科、授業、放課後の活動」などさらに分類が可能です。そして、ここで分類した、部活や教科を取り上げた場合、学習レベルを考慮して、部活についてはいくつの表現を学習対象にするかを決め、**レベル1語、レベル2語、レベル3語のように同心円状に語彙データを整理**しておきます。そして、学習レベルを配慮して、3つのレベルで語彙量を調節します。

　ここで注記しておきたいのは、たとえば「学校」という場面で「部活」を取り上げた場合、部活名だけでなく、部活に関する形容詞や動詞あるいは連語なども整理して表現リストに加えるといいということです。

名詞表現ネットワーク

◎日本の学校でのいろいろな部活動
●運動部
・軟式野球部 rubber ball baseball team
・ハンドボール部 handball team
・バスケットボール部 basketball team
・バドミントン部 badminton club
・バレーボール部 volleyball team
・ラグビー部 rugby club
・卓球部 table tennis club
・陸上部 track and field team
・弓道部 archery club
・剣道部 kendo /Japanese fencing club
・硬式テニス部 tennis club
・サッカー部 soccer team
・柔道部 judo club
・水泳部 swimming club
・ソフトテニス部 soft tennis club
・ソフトボール部 softball club
・器械体操部 gymnastics club

●文化部
・合唱部 chorus club
・家庭科部 home economics/ domestic science club
・国際交流部 international exchange club
・吹奏楽部 brass band
・太鼓（和太鼓）部 wadaiko/ Japanese drumming club
・美術部 art club
・書道部 calligraphy club
・文芸部 literature club

●その他
・部活動見学 club activity observation
・部活動説明会 club activity guidance
・部活動入部申込書 application form to join a school club
・仮入部 temporary club membership
・体験入部 school club trial session for potential members
・クラブ活動 club activities
・部活動なし no club activities
・クラブ活動費 club activity fees
・部活動の顧問 club activity advisor
・クラブ・部の部長 captain（体育部）president（文化部）

これが、われわれがいう拡張語彙というものです。**拡張語彙力は「領域＋語彙サイズ」**（**thematic range + vocabulary size**）**として定義**します。領域には、場面領域と話題領域があります。ここでいう場面は、家庭、学校（仕事場）、公共、あるいは冠婚葬祭の場面にわけることができるでしょう。話題は、多種多様なものがありますが、肝心なことは、話題の幅（range）を目標として示すことです。すると、イメージ的には、各教室あるいは各学年が目指す拡張語彙力の習得目標として、大きな領域マップを生徒と共有し、教師も生徒も現時点でどの領域をどの程度カバーしたかというカバー率を可視化することができます。

■ 拡張語彙力養成エクササイズ

「どの領域にどれぐらいの語彙サイズがあるか」が拡張語彙力の定義だとすると、それぞれの領域内の語彙をどう関連づけるかが語彙力養成の鍵となります。言い換えれば、ある領域に関する単語のリストだけでは、語彙の関連づけとはならないということです。**領域内の語彙を関連づけることを「ネットワーキング（networking）」**と呼びます。

ネットワーキングの仕方はいろいろ考えられます。われわれが推奨したいネットワーキングの１つは **EIJ ネットワーキング**と呼ぶものです。EIJ は English in Japanese の略語で、**日本語を地の文としてストーリーを作り、その中に英語の表現を埋め込むというやり方**です。ここでいう「表現」は、単語だけに限定されません。たとえば、以下は「家」の場面で「テレビ・DVD を見る」状況の EIJ ネットワーキングのサンプルです。

■ 状況：テレビを見る、DVD を見る

テレビは多くの人にとってくつろぎの時間です。ここでテレビ関連の表現を整理しておきましょう。「テレビをつける」は、turn on the TV が一番よく使われます。昔のテレビはスイッチを回してオンとオフにするということに由来する表現です。「リモコンを使

う」は use the remote control といいます。「リモコン」は remote control の和製英語です。「リモコンでチャンネルを変える」は change channels with the remote control ですね。音量を上げたり、下げたりするときは、turn up the volume あるいは turn down the volume といいます。「1 チャンネルにする」は turn to Channel 1 と turn という動詞を今でも使います。昔のテレビはチャンネルを文字通り回していたことの名残です。

　「録画する」は record ですが、「野球の試合の録画を予約する」だと set the timer to record a baseball game という言い方をします。「お気に入りの報道番組を見る」とか「天気予報を見る」とか「日曜日の連続ドラマを見る」は、それぞれ、watch one's favorite news program、watch the weather forecast、そして watch the Sunday drama series といいます。動詞は watch です。「録画しておいた番組を見る」も watch (the) recorded programs といいます。「テレビにかじりつく」という日本語表現に対して、英語では面白い言い方があります。be glued to the TV という言い方です。glue は「糊でくっつける」という意味の動詞です。「くぎ付け (糊付け) になる」といった感じですね。「テレビを見て時間をつぶす」も面白い表現があり、kill time watching TV といいます。pass the time watching TV でも OK です。「テレビをつけっぱなしにする」はどうでしょうか。日本語からは難しそうですが、英語では leave the TV on といいます。「テレビをオンの状態にしたままにする」ということで納得ですね。なお、「テレビ受信機 (電気製品)」が話題の場合は the TV で、「テレビ番組」が話題になる場合は TV です。

　こんどは、DVD 関連の表現をまとめておきましょう。まず、「DVD を借りる」は rent a DVD です。borrow は「無料で借りる」ということなので、有料の DVD は rent といいます。この rent は状況によって「借りる」と「貸す」のいずれかの意味になります。

「明日が返却日だ」という場合は、due を使い、This DVD is due tomorrow. といいます。「返却日に返す」というときは、return the DVD on the due date といいます。一方、「返却日を 3 日過ぎている」だと This DVD is three days overdue. と overdue という言い方をします。そこで「延滞料金を払う」は pay an overdue fee となります。DVD を「巻き戻したり、早送りする」こともあります。「巻き戻す」ときは rewind the DVD で、「早送り」のときは fast-forward the DVD と言います。fast-forward は「早く前に送る」ということで、感じがでていますね。

　このように、日常の場面を想起しながらストーリーを作成し、そこに覚えたい英語表現を埋め込むことで、語彙のネットワーキングを行うことができます。**場面に現実味があること、そのまま日常を語る際に英語表現を使いやすいこと、文脈が日本語で示されているので覚えやすいということ**、などを挙げることができます。学習法としては、自分で音読する、音読しながら英語表現だけをノートに抜き出す、抜き出した英語表現のいくつかを使って自分で英語のストーリーを作ってみる、といった方法が有効です。

　名詞表現をまとめて覚えたいという際には、**Word Map Networking** が有効です。たとえば、「病院」という場面を取り上げた際に、「症状」「病院の科と医師」「病名」「薬」などを使ったワードマップを容易に作ることができます。

　そして、以下のような「症状」「病院の科」などに関する表現をまとめてしまうという方法です。

■ 症状

頭痛 headache	動悸 palpitation(s)
肩こり stiff shoulders	はきけ nausea / vomiting
首のこり stiff neck	腫れ puffiness / swelling
倦怠感 fatigue	貧血 anemia
下痢 diarrhea	腹痛、腹部の痛み
湿疹 eczema / itchy rash	abdominal pain / stomachache
しびれ palsy	便秘 constipation
咳 coughing	めまい dizziness
脱臼 dislocation	腰痛 back pain / backache
できもの boil	

■ 病院の科と医師

眼科 ophthalmology
（眼科医 ophthalmologist または eye doctor）
外科 surgery（外科医 surgeon）
産科 obstetrics（産科医 obstetrician）
歯科 dentistry（歯科医 dentist）
耳鼻咽喉科 otolaryngology
（耳鼻咽喉科医 otolaryngologist / ear, nose and throat doctor [ENT]）
小児科 pediatrics（小児科医 pediatrician）
整形外科 orthopedics
（整形外科医 orthopedist / orthopedic surgeon）
精神科 psychiatry（精神科医 psychiatrist）
内科 internal medicine（内科医 physician）
泌尿器科 urology（泌尿器科医 urologist）
皮膚科 dermatology
（皮膚科医 dermatologist / skin specialist; skin doctor）
婦人科 gynecology（婦人科医 gynecologist）

どの程度の語彙を取り上げるかは、関心の所在と学習者のレベルによって異なります。これは基本的にリスト形式ですが、病院という場面の中で何か所かに焦点を当てて、関連する語彙を整理することができるという長所があります。「学校」という場面でも「施設」「教科」「部活」「旅行」「持ち物」などワードマップ方式のネットワークで扱うことができます。

　上では、症状に関する日英語表現をリストしました。症状も関連したものを整理していけば、よりネットワークらしさが出てくるでしょう。しかし、語句を覚え、使えるようにするということからすれば、EIJ 方式で、日本語を使って、症状に関する「ストーリー」を作成すると効果的です。以下はその例です。

■ 状況：病状を訴える

　症状を訴える際の基本形は、I have ... で、他にも be あるいは feel を使った表現があります。I have ... の形を使った表現のいくつかを見ていきましょう。「食欲がまったくありません」だと I have no appetite. となり、「あまり食欲がない」と言いたいときは I have a poor appetite. と表現します。「鼻づまり」は I have a stuffy nose. といいますが、この stuffy を部屋などに応用して This room is stuffy. といえば「空気が淀んで息が詰まりそうな部屋」という意味合いです。「鼻水が出る」だと I have a runny nose. となり、この runny は水や液体などが漏れて流れているときに使います。「頭痛がする」は I have a headache. ですが、頭痛の種類を表現する際には形容詞を使います。「ひどい頭痛」の場合は I have a terrible/bad headache. となり、「軽い頭痛」なら I have a slight headache. といいます。「ずきずきするような頭痛」だと a throbbing headache で、「頭が割れるような痛み」だと a splitting headache、そして「しつこい痛み」だと a persistent headache といいます。ほかにも「熱がある」だと I have a fever、「寒気がする」だと I have a chill [chills] と I have ... はいろいろな症状を表現するのに使うことができます。ちなみに、「お腹が痛い」は I have a stomachache. ですが、「胃に鈍い痛みがある」とか「胃に鋭い痛みがある」だと、それぞれ I have a dull pain in my stomach、I have a sharp pain in my stomach. と a pain in one's stomach の形で表現します。「お腹をこわしました」と表現したいところで I broke my stomach. と言った学生がいましたが、これは間違いです。「お腹をこわした」は upset を使って、I have an upset stomach. あるいは I have a stomach upset. と表現します。

ここでは地の文が日本語で注目したい英語をハイライトする形になるため、語句の有意味な関連づけを行うのには有効な方法です。

■ ボキャチェーンの発想

次に、ボキャブラリーチェーン（vocabulary chain）というやり方もあります。ここでは略して「ボキャチェーン」と呼びます。これは、複数の語彙を何らかの観点からつないでいくという方法で、**一回に学習したいチェーンの長さを決め、そして、何本のチェーンを学習したかを「競う」**というものです。これは、観点の決め方次第でいろいろなバリエーションが考えられます。たとえば「オノマトペ」のように音が意味を連想するような音象徴を観点にとると、以下のようなチェーンが作れるでしょう。

バンと音がする　ゴロゴロ鳴る　カサカサ音がする　ギラギラ光る　ドスンと音がする

もちろん、「星座」「色」「食べ物」「食材」「野球」など多種多様な観点からボキャチェーンを作ることができます。

Aries 牡羊座	Taurus 牡牛座	Gemini 双子座
Cancer かに座	Leo 獅子座	……

　生徒が自ら、ボキャチェーンを作るという課題を与えることも大切です。ボキャチェーンを使ってどういう学習が可能かということですが、まずは、表現を1つずつ、しっかりと音読することです。できれば7回以上音読し、表現連鎖を音声面を含めて覚えてしまいたいところです。

　領域といっても話題境域だけではありません。概念領域もボキャチェーンの観点の1つです。**動詞や形容詞の学習においては概念領域のボキャチェーンは有効**です。たとえば、食べ物の感想を述べる場面で、以下のようなボキャチェーンがあれば便利です。

great ➡ tasty ➡ scrumptious ➡ not so good ➡ awful

　要は、自分が興味のある観点から自由に単語を連鎖化していくということです。そして、場面を描きながら、This is great. I love it. Can I have another? のようにボキャチェーンの単語を使ってみることです。

　単語はバラバラに覚えても、なかなか語彙力にはなりません。機械的な暗記は、一時的な効果は期待できても、中長期的には「忘れてしまった」という現象が起こります。また、記憶に留まっていたとしてもなかなかそれを想起し、英語表現で使用することに困難を感じるということもよく見られる現象です。**単語学習においては、有意味学習が必須で**す。幼児の言語習得においても、場面場面で関連づけて表現を学習していくといわれます。関連づけのことを筆者らはネットワーキングと呼んでいます。**基本語力の育成にはコアという概念が有効であると述べまし**

た。**拡張語力の育成にはネットワーキングが鍵になる**というのがわれわれの確信です。

Chapter 5

文法は学ぶ必要があるの？

　英語教育における文法の位置づけは必ずしも安定したものではありません。よく「日本人は文法ばかり勉強するから英語が話せない」ということを耳にすることがあります。「文法は本当に学ぶ必要があるのか」という質問もよく聞かれます。

　確かに、「文法ばかり」だと英語は使えるようにならないでしょう。しかし、文法のない言語というものは存在しません。世界に何千もの言語がありますが、文法のない言語はありません。ある言語が使えるということは、その言語の文法力を身につけているということを意味します。

　母語の場合には、知らず知らずのうちに、文法力を身につけていきます。通常、それは意識されることはありません。しかし、たとえば「お母さんは太郎を弁当を作った」という文を聞いたとします。日本人であれば、「これはおかしい文」であると判断することができるでしょう。これが文法力というものです。つまり、「太郎を」ではなく「太郎に」でなければならないということがわかるはずです。なぜわかるのか。それは、私たちが文法力をもっているからにほかなりません。英語学習においても、文法力は英語力にとって必須であることは間違いありません。しかし、これまでの文法指導（学習）の仕方で文法力は身につくでしょうか。残念ながら、その答えは「否」です。

■ 学校の英文法

　日本の学校では、英語の文法を学びます。学校で学ぶ英文法のことを「学校英文法」あるいは「学習英文法」と呼びます。しかし、上で指摘したように、学校英文法では英語の文法力の養成につながりません。文法を知っているということと、それが使えるということは異なる話なのです。

　まず、英文法書についていえば、「ベストな定番」というものは存在しません。言語学という分野では、文法の研究が中心になりますが、それぞれ立場を異にする人たちが違った文法を提案しています。生成文法、認知文法、機能文法などがそれで、それぞれ、同じ英語の文法でもその捉え方は大きく異なります。つまり、英文法の議論をする際に、「これが英文法だ！」というものが存在しないということです。拠り所にできる唯一無二の文法書は存在しないということです。

　しかしながら、学校では、100年以上に亘り、同じような学習英文法が使われてきました。長きに亘って再生産され続けているといってもいいでしょう。読者の皆さんも、学校で勉強した英文法がそれです。「英文法」と聞けば、読者の皆さんは、おそらくbe動詞、一般動詞、5文型、関係代名詞、現在完了形、動名詞などお決まりの文法項目を連想するでしょう。そして文法演習として、書き換えとか並べ替えとか正誤判断など問題を解いたことを思い出すはずです。

　残念なことに、「英文法」と聞けば「苦手意識」が同時によみがえる人も少なくないと思います。実際、ベネッセ・コーポレーションでは、2009年に英語教育に関する一連の大規模な実態調査を行っていますが、その結果を見ても、中学生の段階で英語を苦手と感じる生徒が多く、そのダントツの理由が「文法がわからない」となっています。英語の先生は、文法指導が得意なはずです。文法指導ができることがプロの教師の条件の1つです。しかし、その得意の指導が、生徒にはなかなか伝わっていないということです。

　さらにいうと、文法ができたからといって英語は使えないと考えている生徒が多いのも事実です。文法は受験のためには必要かもしれない

が、本当の英語力には貢献しないという見方です。しかし、上で述べたように、文法力なくして英語力なしです。自由に表現を作り出すには、語彙力と文法力は必須です。**自在な言語活動の要になっているのが文法力**だからです。

　では、何が問題なのでしょうか。一言でいえば、学校の文法は人気がありません。多くの学習者にとって人気がないということは、現行の文法には何か本質的な問題があるはずです。もちろん、一般的な言い方をすれば、生徒が「わからない、使えない文法」という意識をもっていることに問題があります。「わかる、使える英文法」を目指すべきなのです。しかし、そのためには、これまでの文法の捉え方（在り方）には本質的問題が含まれており、それを変えていく必要があります。一番大きな問題は、**文法の姿（全体像）が示されてこなかった**ところにあると筆者たちは考えています。

■ 現行の学校英文法の問題点

　まず、ここで「文法知識」と「文法力」は異なるということを確認しておきたいと思います。「不定詞」「関係代名詞」「比較級」などの文法の部品について周知していても、それが文法力を保証するものではありません。文法問題を解くことが文法力ではありません。文法力とは「問題を解く」ためのものではなく、**表現として文を作り出すため使うもの**です。**自分の作った英文を自己編集（self-edit）するために使うもの**です。

　しかも、現行の学校英文法にはいくつかの問題があります。その１つは、説明力の妥当性の問題です。常識的な文法知識に妥当性がないとなれば、それは改めていく必要があります。今、喫緊の課題は、英文法の棚卸だといえます。以下では、5文型を事例にこの問題を見ていきます。

■ 英文法の棚卸：5文型を事例にして

　ここで棚卸の対象となるのは「5文型」です。5文型論の是非については、古くからさまざまな議論が行われています。しかし、5文型とい

う考え方が現在もなお英語教育の対象になっているのは厳然たる事実だといえるでしょう。

　説明するまでもないことですが、5 文型といえば、S（主語）、V（動詞）、O（目的語）、C（補語）という記号を使って英文をタイプ分けする方法です。あえて復習しておけば、以下がその例です。

SV：	第 1 文型	John works hard.
SVC：	第 2 文型	John is honest and helpful.
SVO：	第 3 文型	Mary bought a gift.
SVOO：	第 4 文型	Mary gave John the gift.
SVOC：	第 5 文型	Mary made John confident and proud.

たとえば、John works hard. という文は、John works. の 2 つの要素に注目し、S（John）V（works）の第 1 文型になります。一方、John is honest and helpful. の honest and helpful は補語（C）とみなされ、SVC の第 2 文型になります。このように、英語のあらゆる文とまではいわないまでも、ほとんどの文をこの 5 つのタイプの文型で説明しようというのが 5 文型論の主張です。

　5 文型の発想が、英語の語順の指導において一定の役割を果たしてきたことは否定できません。そして、5 文型論の説明力については、問題があると考える教師が増えてきていますが、一方で、5 文型論の有用性を信じて疑わない教師が少なくないのも事実だと思います。

　5 文型の考え方のメリットとデメリットを考慮するなら、生徒の英語力を高める方法としてはデメリットのほうが大きいというのがわれわれの判断です。5 文型論の有用性は限定的であり、SVC といった「メタ言語」で英文を説明する方法は学習者に不必要な負荷をかけることになるからです。

　以前、500 名ほどの大学生を対象に、5 文型の意義について調査したことがあります。それよると、その意義を認めたのは 3 パーセントほ

どで、ほとんどの学生は 5 文型についてネガティブな捉え方をしていました。筆者らは、表現のための文法を指導するには、英語教師の思い込み（belief）の中から、「5 文型というこの根深い発想」を捨てなければならないと考えています。

　現行の文科省指導要領（高等学校編）でも 2022 年からの指導要領（高等学校編）でも、5 文型に基づく記述はなく、「高頻度で使う重要な構文を扱うこと」と簡明に示されています。これは見識だと思います。しかし、学校現場や参考書・問題集を作成する現場では、5 文型を取り扱っている場合が多いのも事実です。そこで、以下では、学習英文法の棚卸として 5 文型論の本質的な問題について指摘しておきます。

■ 不可欠な共演情報は何か

　まず、いわゆる be 動詞を使った文を見てみましょう。「ジョンはここにいる」の意を表す John is here. は、SV の第 1 文型とみなされます。その理由は here が副詞だからであり、5 文型論の要素としてカウントされないからです。一方、John is happy. になると SVC の第 2 文型とみなされます。happy は John という主語の主格補語であるというのが理由です。しかし、be は「存在」の意味を表し、存在と場所は不可分の関係（**何かがどこかに存在する**という関係）にあります。すなわち、John is here. では「ここ」という場所と「ジョンが存在する」ということは分かちがたく結びついているのです。なお、John is. は I think; therefore, I am.（我思う故に我在り）という文が存在するように、完全に非文であるというわけではありませんが、John is. という表現を耳にすることはまずないと言ってよいでしょう。

　be 動詞の意味論に着眼するなら、John is here. が be 動詞のプロトタイプ（原型的用法）であり、John is happy. は happy という心的状態としての「場」を表していると考えるのが自然です。すると、John is here. も John is happy. も「何かがどこかに在る」という be の要件を満たす表現であり、場所情報を端的に表す John is here. が John is happy. より

も基本的な（basic）用法であるといえます。ちなみに、John is running. の be 動詞は「助動詞」とみなされますが、これとて、「ジョンは走るという連続的な状態（場）に在る」と解釈すれば、ここで紹介した 3 つの文を連続体で捉えることが可能となります。

　すなわち、here が副詞だからという理由で、John is here. と John is happy. の間に文型的な差異を認めなければならない 5 文型論には問題があるということです。

■ 補語と目的語の意味

　次に、いわゆる第 5 文型（SVOC）に注目してみましょう。Mary made John confident. がその例です。5 文型論でいえば、動詞＋目的語＋補語の配列になっています。しかし、ここでいう目的語は Mary made a pie. の目的語と同じでしょうか。Mary made a pie. の a pie は「動作が作用する対象」を表す語という意味において目的語です。しかし、Mary made John という言い方は意味を成しません。つまり、John は make の目的語ではない、と主張することが可能なはずです。では、SVOC の O は何の目的語でしょうか。これは、「解」の見つからない疑問です。同様に、confident は補語と呼ばれますが、それは主語 Mary の補語ではありません。そうではなく、confident は John の補語で、「目的格補語」と呼ばれます。しかし、この「目的格補語」とは、そもそもどういう補語でしょうか。主格補語と目的格補語を同じ C で表すことは、生徒にとって有意味なことかという問題がここに生まれます。

　さらにいえば、学校文法によると、SVOC の C は品詞論的に名詞や形容詞に限定されません。I had a taxi waiting outside. も第 5 文型とみなされるからです。つまり、had（V）a taxi（O）waiting（C）ということです。このように、動詞情報（現在分詞形だけでなく過去分詞形、原形も含まれる）までもが補語（C）と呼ばれることになります。すると、目的格補語というものの意味がますますわからないものになってしまいます。これは、英文法を専門とする研究者にとっても言えることで、素

66

人の生徒にしてみれば、補語の存在はまったく不明です。

　Mary made John confident. は John is confident. が SVC の関係にあるように、この made [John confident] も [John BE confident] と考えれば、confident は John（この場合は目的語）の「補語」である、という論が一応成り立ちます。しかし、John had a taxi waiting (outside). の waiting を補語と呼ぶ場合は事情が異なります。なぜなら、had [a taxi BE waiting] と分析した場合、a taxi を主語に立てた A taxi is waiting (outside). という文の waiting は補語ではなく、動詞であり、SV 構文とみなされるからです。ここでは、主格補語になぞらえて目的格補語という概念を理解するというやり方がうまく機能しません。

　「目的語」も守備範囲が広い概念です。動詞 imagine の用例を見てみましょう。He imagined he's sitting on a cloud. では [he's sitting on a cloud] が O になり、I could not imagine [living with my girlfriend]. では、[living with my girlfriend] が O になります。しかし、この 2 つの文を同じ SVO の第 3 文型であると分析することが、教育的な意味をもつでしょうか。生徒からすれば、O の意味がますますわからないものになってしまう可能性があります。She imagined the president starting a war. になると、the president が目的語（O）で、starting a war が補語（C）となり、SVOC の第 5 文型になると説明されます。He imagined a new office. の a new office は imagine の O です。しかし、She imagined the president starting a war. の the president は imagine の O にはなりえません。むしろ、目的語に節も含むとするならば、imagine の目的語は [the president starting a war] ということになるはずです。これでは、5 文型論の基本的考え方が崩れてしまいます。

　節を目的語とみなすことについて考えてみましょう。上記の通り、He imagined he's sitting on a cloud. の [he's sitting on a cloud] は O とみなされます。同様に、I assume that the Japanese government will boost its economy. の that 節も「目的語」です。節を it で代用することができるということがその根拠になっています。この伝でいけば、I don't

know who that woman is. の who that woman is も O です。しかし、こ
こでは「節」という一段レベルの高い要素が「目的語」とみなされてい
ることに注目する必要があります。すなわち、節を開けば、that the
Japanese government will boost its economy の節内において SVO の配
列が見られます。では、boost の O (its economy) と assume の O (that
the Japanese government will boost its economy) は同じ性質の O であ
ろうか、という問題が当然出てきます。

　そもそも、object を「目的語」と訳したところに問題の根っこがある
ように思います。Bill broke John's vase. の John's vase は object です。
これは、動作が作用する**対象という意味での object** です。つまり、
object は「目的語」ではなく「対象語」(動詞の作用を受ける対象) と訳
すべきだったと思います。imagine/assume that ... や know who ... は
「目的語」という用語で特徴づけるには無理があるのです。O は、もし
使うとすれば、節内の名詞情報に限定すべきということです。

■ 第 4 文型の問題

　問題は、残念ながら、これだけではありません。この目的語 (O) は
何を表すのかという問題は、SVOO の文型を考えた場合、さらに混迷
します。Mary gave John the gift. が SVOO の代表例ですが、John も
the gift も O とみなされます。一応、John は「間接目的語 (indirect
object)、the gift は「直接目的語 (direct object)」と呼ばれ、間接目的
語は「受け手 (recipient)」であるといわれます。すなわち、Mary gave
John the gift. は Mary gave the gift to John. という SVO の構文に置き
換えることができるように、ジョンはメアリーが差し出したギフトの受
け手ということになるのです。

　ただ、この 2 つの O は、SVOC の上の議論でも指摘しましたが、
Mary made a pie. の a pie を O と呼ぶ場合とは事情が異なります。
Mary gave the gift. や Mary gave John. という表現が成り立たないから
です。さらにいうと、Mary gave the gift の場合は to John、Mary gave

John の場合は the gift が不可欠な共演情報となります。不可欠な情報を副詞として退け、Mary gave the gift to John. を第 3 文型とみなすこと自体に無理があるのです。

　SVOO については、もっとやっかいな問題があります。John gave Mary a headache. という用例を見てみましょう。これは 5 文型論でいうなら SVOO の第 4 文型です。しかし、ここでの「間接目的語」とみなされる Mary は「受け手」では決してありません。あえて言えば Mary は「経験主」です。頭痛をジョンがもっていて、それをメアリーに譲渡したというのは解釈上ありえないからです。ここでの論点を補強するのに Overwork gave John a heart attack. を考慮するといいでしょう。働きすぎが心臓発作の元の所有者ということはありえません。むしろ、John had a heart attack because of overwork. と解釈すべきでしょう。John gave a headache to Mary. がありえないように、Overwork gave a heart attack to John. もありえません。だとすれば、表面上の第 4 文型の第 3 文型への置き換えだとか、「間接目的語」という用語は、言語表現の実態を誤った方向に導く分析になります。言うまでもなく、ここでは「直接目的語」という概念も機能しません。a headache や a heart attack は授与動詞 give の直接目的語ではないからです。これは、一方から他方に授与されたわけではないということを考えると明らかでしょう。

■「目的語」のさらなる考察

　John made grapes into wine. と John made wine out of grapes. を比べてみましょう。John made wine. はそれ自体、有意味な文であり、この wine を make の目的語とみなすことができます。しかし、構文的に同一の John made grapes into wine. はどうでしょうか。言うまでもなく、John made grapes のままでは意味を成しません。そこで、この grapes は make の目的語ではありえないことになります。

　結論からいえば、ここで挙げた John made grapes into wine. は 5 文型論では扱うことができません。それだけではありません。We compared

John Lennon with Bob Dylan. はどういう文型でしょうか。John Lennon だけが compare の目的語になることがありえないことは明らかです。比較というものは、2 つの要素を含むからです。He blew a handker-chief off the table. や She put the cat out. なども同様に、5 文型論では説明ができません。He blew a handkerchief. という言い方や She put the cat. という言い方は意味を成さないからです。

■ 動詞の構文的可能性

　主語、動詞、目的語、補語という用語が指す対象（物事）は、突き詰めれば、動詞を中軸に据えた**共演情報**と考えるべきだろうと思います。**動詞の意味が事態構成のために必要とする情報**のことです。

　たとえば、ask という動詞の場合、「情報内容を求める（尋ねる、問う）」という意味合いだと、「誰が」「誰に」「何を」という共演情報が含まれます。そして、それを構文的に配置させると、次のような可能性（構文的可能性）があります。

■ 共演情報：（誰が）、誰に、何を、ask（尋ねる）

　構文：V ＋ a（a に名詞句や節がくる）

・動詞＋名詞 She asked my name.
　（彼女は私の名前を尋ねた。）
・動詞＋名詞＋名詞 She asked me a couple of personal questions.
　（彼女は私に 2、3 の個人的な質問をした。）
・動詞＋ wh- 節 She asked where she could get a taxi.
　（彼女はどこでタクシーに乗れるか尋ねた。）
・動詞＋名詞＋ wh [if] 節 Ask your father if you can use his car.
　（お父さんに車を使っていいか聞きなさい。）

　また、ask には「物事を求める（頼む、求める）」という意味合いがあり、その共演情報には、やはり「誰が」「誰に」「何を」が含まれます。

■ 共演情報：（誰が）、誰に、何を、ask（頼む）

構文：V + a（a に名詞句や他の句がくる）

・動詞＋名詞　She asked my advice.

（彼女は私にアドバイスを求めた。）

・動詞＋名詞＋前置詞句　Ask the doctor for a reference.

（参考までにお医者さんに聞きなさい。）

・動詞＋名詞＋名詞　May I ask you a favor?（お願いしていい？）

・動詞＋名詞＋ to do　We asked the audience to be quiet.

（聴衆に静かにするように頼んだ。）

ここでいう「共演情報」それ自体は、日本語の「尋ねる」や「頼む」と共通しています。そこで、共演情報については、日本人学習者は、英語を話す以前にわかっていることになります。しかし、**その共演情報をどう配置するか**という際に日本語と英語とでは違いがでてきます。それが構文的可能性という考え方です。

　以上、我が国の学校英文法の常識とされた 5 文型論は、言語事象の説明力をもたないということを示しました。私たちは、5 文型論から動詞の構文論にシフトすることが表現のための英文法指導への第一歩だと考えます。上記の John made grapes into wine. も動詞の構文という考え方からすれば、名詞＋動詞＋名詞＋前置詞句となり、この動詞の make の作用は [grapes（名詞）＋ into wine（前置詞句）] 全体に働きます。

■ 全体像の欠如

　現行の学校英文法の大きな問題点は上で指摘したように全体像の欠如ということです。**文法は部品ではなく体系**です。これまで学習英文法は、英語の部品をリストアップし、それぞれについて詳細な説明を加えてきたように思います。しかし、すべての部品を組み立てるとどういう文法の全体像が見えるかは示されてきたことはありません。ゆるやか

な、そして部分的な分類（不定詞や動名詞を「準動詞」と呼ぶなど）は示されましたが、全体の見取り図は得られなかったというのが実情です。そこで、「今は、不定詞を勉強しているが、文法の構図の中でどこに位置するかはわからない」ということが起こります。**文法学習の目標が見えないということと同時に、今の「立ち位置」がわからないという**ことでもあります。これでは文法力はなかなか身につきません。文法の全体像の問題は次章で扱います。

Chapter 6

文法の全体像を示す

　「従来の文法で何が問題か」と問われれば、われわれ筆者は、「全体像の欠如」問題を挙げます。個々の文法項目の説明は行われるものの、**項目が有機的に関連しあった文法の全体像**が示されていないがために、知識がバラバラになり、実際の運用能力にはつながりにくいという問題です。

　文部科学省の学習指導要領（外国語）には、「英語の特質を理解させるために、**関連のある文法事項はまとまりをもって整理する**など、効果的な指導ができるよう工夫すること」とあります。これは重要な視点です。指導要領で指摘する「まとまり」は部分的な集合ですが、以下、われわれは、ここで示唆されている方向性をさらに進め、筆者らが考える表現英文法の全体像について述べていきます。

■ 表現英文法の世界

　私たちが世界を英語で語るための文法のことを「表現英文法」と呼びます。ここでいう「世界」には私たちの外の外的世界と私たちの内の内的世界が含まれます。日常の出来事や世界の出来事は外的世界での事柄ですが、感情的反応をするだとか評価を行うなどは内的世界に関わる事柄です。

　ここで提案する表現英文法は、比喩的に言えば、**3つの島とそれをつなぐ1つの経路で構成される世界**です。3つの島とは、モノ的世界を語る名詞の英文法、モノとモノを関係づけて出来事や状態、すなわちコト

的世界を語る動詞の英文法、そして、コトを取り巻く状況的世界を語る副詞の英文法という3つの文法を指します。この3つの文法を使って名詞チャンク、動詞チャンク、副詞チャンクを作るわけです。なお、ここでいう**チャンクは句や節に相当し、言語表現の単位**のことをいいます。そして、この3つの島の資源を有効利用することで、表現活動が行われるのです。

　しかし、**資源を有効利用するための経路（チャンネル）が必要で、それは、ここでは「情報の配列と構文」として扱います**。これをイメージとして捉えれば以下のようになります。

■ 名詞の文法

　まず、モノの集合（things）としての世界を想定することができます。モノの要素はいろいろありますが、それは**名詞を中心に展開する世界**ということで、名詞的世界と呼ぶことができます。英語では、名詞的世界をどういう文法で記述するのか、これが名詞的世界を語る文法の骨子となるわけです。**名詞の文法の道具立て**を示すと以下のリストになります。

　・名詞形：a＋名詞、0＋名詞、名詞の複数形、the＋名詞、
　　　　　　the＋名詞の複数形

- 数量詞：one, two, first, second, every, each, some, most, all, no, none, few, a little, a few, a little, several, ...

- 限定詞：a, the, my, his, some, no, ...

- 限定詞＋形容詞＋名詞
  形容詞を並べる順序
  主観的・心理的＋客観的・知覚的＋属性・用途＋名詞

- 後置修飾
  前置詞句
  形容詞句
  副詞句
  同格（名詞句）
  関係節
  　　which
  　　that
  　　who, whom, whose

- 名詞を修飾する動詞的要素
  doing：現在分詞
  to do：to 不定詞
  done：過去分詞

- 代名詞：it, one, some, all, ...

- 指示詞：this, that, these, those

- 動詞の名詞化：動名詞

・名詞節：that 節、wh 節

　英語では、まずどの**名詞形を使う**かが肝心です。名詞形は「a(n)＋名詞」「0＋名詞」「名詞の複数形」「the＋名詞」「the＋名詞の複数形」の
5つがあります。この5つを状況に合った形で選択することでモノを表現します。an egg と egg は違う名詞形で、以下のように指す対象も異なります。

an egg

1個の卵

egg

かき混ぜた卵

ドレスに卵（の黄身）が付いている状況だと You got egg on your dress.
となります。また、a piano だと「1台のピアノ」、そして piano だとたとえば「ピアノ科」と対象が違ってきます。「誰もが知っている楽器としてのピアノ」は the piano といいます。
　モノの所有者が問題になる場合は、{my, your, our, his, her, their} といった所有代名詞を使います。my piano は「私のピアノ」で、a piano（あるピアノ）を「私のもの」として表現する方法です。
　モノの数量が問題になる場合もあります。具体的な数を示すこともありますが、数量が多いとか少ないかを表すには、数量詞が使われます。
a few pianos だと「2、3台のピアノ」といった意味合いで、数が少ないことを表します。several pianos になると「数台のピアノ」です。雨は rain で物質名詞なので、plenty of rain（たくさんの雨）とか little rain

（ほとんど降らない雨）のように名詞は単数形のままで使います。

　モノの特徴も表現したい場合に活躍するのが形容詞です。an expensive piano は「高価なピアノ」で、a reasonably priced piano は「手ごろな値段のピアノ」ということです。評価に関する形容詞、見た目に関する形容詞、素材に関する形容詞など多彩な形容詞があり、それらをうまく活用することでどういうモノであるかを明らかにすることができます。

　名詞の英文法では、核となる名詞情報に関する種々の情報を**後から追加することが可能**です。これを「後置修飾」といいます。前置詞句が代表的ですが、形容詞句、副詞句、さらには to 不定詞を使った後置修飾、現在分詞を使った後置修飾、関係節を使った後置修飾があります。an expensive piano in the living room で「居間にある高価なピアノ」ということで、in the living room が an expensive piano を後置修飾しています。後置修飾の仕組みを利用して、a piano too expensive to put in the living room（居間に置くには高価すぎるピアノ）だとか、a priceless piano produced by the Perzina Brothers in the late 19th century（19 世紀後半にペレツィーナ兄弟によって制作された価値がつかないほど高価なピアノ）のような表現が可能となります。同格も、ある意味で、先行する名詞情報を説明するという働きがあることから、後置修飾の 1 つに加えることができます。

> The word *piano* is a shortened form of *pianoforte*, the Italian word for the instrument.
> （「ピアノ」という語は「ピアノフォルテ」、すなわちその楽器を表すイタリア語の短縮形だ。）

a shortened form of pianoforete, the Italian word for the instrument は同格表現の例です。もちろん、関係節を使って後置修飾すると表現の可能性が大きく広がります。

The *piano* is a musical instrument that is designed to be played by means of a keyboard.

（ピアノはキーボードを手段に演奏されるように作られた楽器だ。）

　名詞の英文法には、**動詞句や節を名詞情報として扱う**操作も含まれます。動詞を名詞化することで動名詞として扱うことができます。「ピアノを弾くのが僕の気晴らしだ」だと Playing the piano is my pastime. といいます。I love playing Beethoven's Piano Sonata No. 14, popularly known as "Moonlight Sonata". は「私はベートーベンの『月光』と一般に呼ばれる、ピアノソナタ 14 番を弾くのが好きだ」という意味です。このように、主語や動詞の目的語や前置詞の目的語として動名詞を使うことができます。

　また、**節内容を「〜であること」として示す**には that を使って名詞節を作るとか、**「〜かということ」として示す**には who、what、when などの wh 語を使って名詞節を作ります。

I must confess that I'm not prepared to play that sonata.
（告白すると、僕はそのソナタ曲を弾く準備ができていないんだ。）
I'm wondering who will play "Moonlight Sonata" in the concert.
（コンサートでは誰が『月光』を弾くのかしら。）

　もう 1 つ、名詞の英文法には、**名詞情報を代名詞で表現**したり、対象を名詞で表現するのではなく、「これ」「あれ」「それ」として**直接指**していう this や that で表現することも含まれます。

ある「演奏」を指して
This is a beautiful piece of work.（これは素晴らしい作品だ。）
That was mediocre, I would say.（あれはまあ月並みだったな。）

a tall woman を she で表現したり、何かの対象を指して Look at that. という場合も同様です。

■ 動詞の文法

　次に動詞の文法を構成する道具をリスト形式で並べると以下のようになります。

■ 動詞の文法の道具立て

・テンス ｛助動詞＋完了＋進行＋受動態｝ ＋動詞＋ α

・テンス・アスペクトと時間の関係

過去	現在	未来
過去単純形	現在単純形	助動詞＋原形など
過去進行形	現在進行形	助動詞＋進行形
過去完了形	現在完了形	助動詞＋完了形

・動詞のタイプ
　他動詞・自動詞
　使役動詞
　見え方動詞（seem, look, appear）
　知覚・感覚動詞
　現在分詞・過去分詞
　to 不定詞・原形

・助動詞
　分詞補完型：be doing / be done, have done
　機能付加型：do
　態度表明型：can（will, must, may, shall, would, should, might, could）do; can（will, must, may, shall, would, should,

　　　　　　　might, could）have done

　　　助動詞関連表現：be able to, be going to, used to, have to ...

・形容詞の叙述用法
　　　形容詞構文
　　　感情形容詞＋前置詞
　　　形容詞＋ that /wh 節

・態
　　　能動態
　　　中間態
　　　受動態

・動詞の共演情報：動詞＋ *a*
　　1.　動詞＋ 0（自動詞）
　　2.　動詞＋名詞（形容詞、副詞、前置詞句、現在分詞、過去分詞）
　　3.　動詞＋名詞＋名詞
　　4.　動詞＋名詞＋形容詞（副詞、前置詞句、現在分詞、過去分詞）
　　5.　動詞＋ to do / doing
　　6.　動詞＋名詞＋ to do
　　7.　動詞＋ that 節・wh 節
　　8.　動詞＋名詞＋ that 節・wh 節

　動詞は英語のエンジンだといわれます。動詞はあるコト（事態）の中軸であり、動詞は、自動詞用法（例 . A bird flies.）でない限り、**共演情報（目的語、補語と一般に呼ばれる情報）を必要**とします。この点については、上記の 5 文型批判で触れた通りです。

　動詞の英文法の役割はそれだけではありません。何かを表現するということは、**「話し手の今」の時点から行われるのが必然**です。「今」は現

在に含まれ、現在を語るということと、今から過去を回想して語るということは表現のうえでも異なります。つまり、動詞のテンスが異なるということです。英語では現在と過去の2つのテンスがあり、それぞれ動詞の現在形と過去形になります。過去と現在には意識のうえでも切れ目があり、過去のことは済んだこととして処理されます。しかし、未来を展望して語る際には、現在との切れ目はなく、いわば地続きの連続体です。そこで、未来のことはテンスとしては現在形を用います。

　動詞の時間情報はテンスとして表現されますが、**動詞がどういう様子を表現しているかも同時に考慮する必要**があります。動きが感じられない様子か動きが感じられる様子か、完了した様子か未完の様子かということです。これをアスペクトといいます。静止画的な単純アスペクト、動画的な進行アスペクト、完了状態を表す完了アスペクトの3つが基本です。

　プロのピアニストなら、現在単純形を使って I play the piano. といっても自然です。What do you do? （ご職業は？）と聞かれて、I'm a pianist. I play the piano as a pro. （僕はピアニストです。プロとしてピアノを弾きます）と応じる場面が想像できますね。現在進行形を使って Horowitz is playing Carmen Fantasy now. といえば「ホロヴィッツは今カルメンファンタジーを演奏している」という意味になり、動画的に状況を描写することになります。過去単純形は過去の事実を述べる際に使われ、Horowitz received piano instruction from an early age. （ホロヴィッツは幼少の頃からピアノの指導を受けた）や On December 18, 1925, Horowitz made his first appearance outside his home country, in Berlin. （1925 年の 12 月 18 日に、ホロヴィッツ祖国から離れたベルリンで最初に登場した）などがその例です。過去完了形を使うと、He had played the piano for more than 60 years. （彼は 60 年以上もずっとピアノを弾いた）のような表現ができます。

　動詞の構文は、動詞＋α の α にどういう情報を入れるかに関するもので、いわゆる5文型の代替案になります。動詞の構文タイプは 80 ペー

ジで示したように 8 つあります。それぞれを使うことで、以下のよう
なさまざまな状況を表現することができます。

The player kept playing the piano for 3 hours.
We gave the player a big hand.

　動詞の英文法では、さらに**発話者の態度を表す法助動詞の使い方**も含
まれます。意思、予定、義務、推量、実現可能性など、ある内容につい
ての話し手の態度が含まれます。オバマ大統領下の時期を想像してくだ
さい。支援者たちは、President Obama makes a change.（オバマ大統領
は変革を起こす）ということについて、自らの態度を加えて、次のよう
に表現するでしょう。

President Obama can make a change.
（オバマ大統領は変革を起こすことができる。）
President Obama may make a change.
（オバマ大統領は変革を起こすかもしれない。）
President Obama will make a change.
（（きっと）オバマ大統領は変革を起こすだろう。）

　語り方として**態 (voice) の選択**もあります。基本は能動態ですが、動
作が及ぶ対象を主語にして語る受動態表現があります。「誰が何をした」
という発想に対して「何かが誰かによって行われた」という発想の違い
です。

American citizens re-elected President Obama.
（アメリカ国民はオバマ大統領を再選した。）
President Obama was re-elected (by American citizens).
（オバマ大統領は（アメリカ国民に）再選された。）

さらに、**動詞のタイプとして知覚・感覚動詞、使役動詞**などについても動詞の文法の範囲内です。これによって以下のような表現が可能になります。

I once heard Dizzy Gillespie playing the trumpet in a park of New York.
（かつてディジー・ガレスピーがニューヨークの公園でトランペットを演奏しているのを聴いたことがある。）
Charlie Parker let Gillespie use his bent trumpet.
（チャーリー・パーカーはガレスピーが曲がったトランペットを使いたいように使わせた。）

このように、動詞の文法には、上記でリストしたような道具があり、それぞれを自在に使えるようにするのが動詞の文法力を高める方法だといえます。

■ 副詞の文法

さて、副詞の文法がカバーするのは、**副詞の機能と副詞の位置**になります。副詞の機能については、以下のように、**他の語句に強弱アクセントをつける修飾機能**と**情報表示機能**があります。このうち、情報表示機能は WHY, HOW, WHERE, WHEN などに関する副詞情報を示す働きをいいます。

▌ 副詞の機能
・他の語句に強弱のアクセントをつける修飾機能
・情報表示機能
　　話し手の態度を表す副詞的表現
　　時間・場所を表す
　　頻度、様態、手段・道具、付帯状況を表す

目的、結果、原因などを表す
・副詞の位置
文頭の副詞は状況設定
文尾の副詞は情報追加
文中での副詞は頻度や様態を表すものが多い

　副詞チャンクの「修飾機能」とは、**修飾される語句の意味に強弱濃淡のアクセントをつける**というものです。修飾の対象として多いのは、なんといっても形容詞です。たとえば「つらい失恋」をした人は、それを a painful breakup と表現するでしょう。形容詞を増やして a painful and sad breakup といえば、失恋のひどさが強調されます。しかし、painful（つらい）ということそれ自体を強調したいという場合は、形容詞の追加だけでは十分ではありません。そこで登場するのが副詞です。強弱濃淡の調整をするためのよく使われる副詞的表現には、以下のものがあります。

・強く
very、so、absolutely、perfectly、extremely、really、quite、such、truly、too、a lot、how、much、way、a whole lot、dead、enough
・どちらかといえば
kind of、sort of、more or less、rather、fairly、somewhat、merely、a little too
・弱く（少し）
a little、a little bit、slightly、not very

例文は以下の通りです。

It's going to be very hot today.（今日はとても暑くなるぞ。）
The situation is extremely serious.（状況は極めて深刻です。）
You're absolutely right.（まったくおっしゃるとおりです。）

Don't make too much noise. (うるさくしすぎないように。)

His story was a whole lot stranger than mine.

(彼の話は私のものよりずっと不思議な内容だった。)

　たとえば、It was a painful breakup. (それはつらい失恋だった) を It was a(n) very [extremely, unbelievably] painful breakup. (それはとても〔極めて、信じられないほど〕つらい失恋だった) と表現することで、painful の度合いを高めることができます。a slightly painful breakup だと「ややつらい失恋」ということであまりたいしたひどさではなくなります。a bit of a painful breakup になると、「ほんのちょっとつらい失恋」ということです。

　情報表示機能においては、「**どこで（に）**」を表す場所情報を表すには前置詞や here、there、upstairs などの副詞が活躍します。「**いつ**」に関する**時間情報**についても同様で、前置詞と副詞が表現上の中心的役割を演じます。時間情報も重要で、何かを語る際にそれはいつのことなのかを示す必要があります。頻度情報も時間に関連した情報だといえます。

　副詞の文法で「様態（manner）」は大きな要素です。「キース・リチャードはギターを弾いた」という事実に対して「どのように」を加えて表現すると以下のようになります。

Keith Richard played the guitar skillfully.

(キース・リチャードは巧みにギターを弾いた。)

Keith Richard played the guitar in an unusual way.

(キース・リチャードはいつもとは違う感じでギターを弾いた。)

Keith Richard played the guitar in such a way as to touch the heart of the audience.

(キース・リチャードは聴衆の心に触れるようにギターを弾いた。)

「どのように」というのが様態ですが、**手段や道具も広義には様態に**

含めることができます。以下は手段の例です。

> You cannot maintain peace and global governance by power and money alone. Dialogue must be added as an effective means.
> （権力と金だけで平和とグローバル・ガバナンスは維持できない。対話が有効な手段として加えられるべきだ。）
> You can learn the essence of dialogue by reading Martin Buber's *I and Thou*.
> （対話の本質をマーティン・ブーバーの『我となんじ』を読むことで対話の本質を学ぶことができる。）

「どうして」に関する目的や原因なども英語で自由に表現する必要があります。目的や原因には結果が伴いますが、「結果として〜になるように」という意味合いにおいて、結果を強調して目的を述べるということもありえます。

　副詞の文法では、副詞の位置とその意味的な働きも大切です。**文頭にくれば、何かの状況を設定するという働きが強くなり、文尾にくれば補足的に情報を足すという働きが強くなります。**文中に使われる副詞表現は比較的限られていますが、何かを修飾するか、途中で情報を挿入するという働きになります。

■ 情報の配列と構文

　何かを英語で表現しようとすると、英語の流れ（flow）が重要になってきます。この流れを文法的に捉えるとどうなるでしょうか。それは「チャンキングの文法」ということになります。つまり、**情報単位としての句（や節）といったチャンクの作り方と、情報の配列に関するチャンキングの両方が備わってはじめて表現のための英文法はできあがる**ということです。チャンク表現を連鎖として並べていくこと、これがチャンキングということです。チャンキングは語順、つまり、**情報の配列の**

流れに従います。ここでは、情報の流れを「配列のテンプレート」として捉えることができます。情報の配列において重要な働きをするのが**接続詞あるいは情報連結詞**です。

　また、情報の配列には**構文の型**のようなものも含まれます。慣用化された英語の重要構文として、比較構文、否定構文、話法（直接話法、間接話法）、仮定法構文が含まれます。そこで情報破裂と構文の文法に関する道具立てとして以下が含まれることになります。

- 語順：情報配列

- 接続と論理
  情報をつなぐ接続詞
  　and, but, so, or
  時にかかわる接続詞
  when, while, as, before, after, since, until, as soon as, ...
  分詞構文
  理由・条件などを表す接続詞
  because, since, now that, if, unless, as long as, although, though, even if, even though

- 文のタイプ
  平叙文　　疑問文　　感嘆文　　倒置文　　省略文
- 比較構文
- 否定構文
- 話法
- 仮定法構文

■ 英文法力

　以上のことを総合していえば、英文法力とは、名詞的世界、動詞的世

界、副詞的世界について、どういう英語で、どれだけ、それぞれの世界、そして総合化された世界を語ることができるか、ということになります。

　たとえば、名詞的世界を語るのに、子どもは比較的簡単な文法を使うことからはじめ、もちろん、個人差はありますが、徐々に機能性の高い洗練された文法を身につけていくと考えられます。同じことが、動詞的世界、副詞的世界についてもいえます。この3つの文法は世界を語るうえで必要なものであり、たとえば、小学生であっても、英語を学ぶ際に、**たとえその規模は小さくても、モノの世界を語る名詞の文法、コトの世界を語る動詞の文法、そして、状況を語る副詞の文法をもっている**はずです。文法力を高めるということは、**これらの小さな文法を同心円状に拡張していくことだ**と考えることができます（なお、ここで示した英文法の枠組みの詳細については田中茂範著『表現英文法増補改訂第2版』（コスモピア）を参照してください）。

　もちろん、世界はこれらの3つの世界を統合・融合したもので、それぞれが独立しているわけではありませんが、**英文法書の編成原理としては、名詞的世界、動詞的世界、副詞的世界という切りわけ方は有効で**あると考えます。そして、英語の配列に沿って、チャンクを連鎖化させること、これが表現活動ということです。この着想を生かした英文法指導については、第8章でその事例を見ていきます。

Chapter 7

文法指導の原理

　文法がわからないから英語がわからない。これは多くの中高生の「悩み」です。実際、たいへん多くの生徒が比較級や不定詞や現在完了形といった文法項目で躓いています。「生徒が文法ができない」ということは、先生が文法を教えきれていないということでもあると思います。というのは、**教えることと学ぶことは表裏一体**だからです。

　生徒にとってどうして文法が難しいかといえば、1つには覚えることが多くて覚えきれないということがあるでしょう。動詞の過去形や過去分詞形を覚えたり、形容詞や副詞の比較級や最上級の形を覚えたり、確かに覚えることはたくさんあります。しかし、覚えるだけであれば、徹底的に練習すればほとんどの生徒が課題をクリアすることができるはずです。むしろ、教え方次第で、「文法は簡単で、役立つもの」と生徒が感じるようになるはずです。

■ どう教えるか

　文法はコトバを使う際の規則であり、**どの文にも文法の血が流れている**ということを生徒に実感させることが大切です。そのためには、**表現のために文法がある**ということ、**文法を知ると表現力がアップする**ということをきちんと計画をたてて提示することが必要となります。その際に、考慮すべき原則のようなものがあると思います。

■ 原則1：「形が違えば意味が違う」

　文法問題の典型は、書き換え問題です。能動態文を受動態文に書き換える、2つの文を関係代名詞を使って1つの文に書き換える、第4文型を第3文型に書き換える、直接話法の文を間接話法の文に書き換える、等々です。しかし、書き換えることで形が変わり、それは自動的に意味の違いに反映されていることを教師は認識しておかなければなりません。**「書き換え」それ自体が、問題なのではありません。**書き換えは表現のレパートリーを広げることにつながります。その際に、それぞれの形の表現上の特徴をきちんと押さえることが肝心なのです。

▼ 受動態表現の場合

　たとえば、能動態文を受動態文に書き換えるエクササイズにおいては、**どちらの表現にするかで「視点」が変わる**ということを教える必要があります。生徒に以下のような内容を伝えるといいでしょう（ちなみに、能動態と受動態の書き換えは他動詞に限られるので、自動詞と他動詞の表現方法も簡単に比べておくといいでしょう）。

> **解説：**日本語でも英語でも、「人が何かに対して何かをする」という能動態と「何かが人によって何かをされる」という受動態があります。この2つの表現方法の違いを理解するには、「視点」に注目することが大切です。

他動詞
何かに対して何かをする（能動態）
何かが何かをされる（受動態）
自動詞
何かが自らある状態になる（ある動作を行う）

　能動態は、通常、「誰かが対象に対して何かをする」という捉え

方をします。一方、**視点を対象において、「何かが（誰かによって）何かをされる」という捉え方をするのが受動態の表現です。**たとえば「コンピュータが故障した」という状況で、次のような表現が可能です。

コンピュータが故障した

(1)　Bill has broken the computer.

(2)　The computer has been broken (by someone).

(3)　The computer has broken.

（1）は「誰か（Bill）がコンピュータを壊した」という表現で、行為者を中心にした語り方です。それに対して（2）と（3）は、「コンピュータ」が話題の中心で、それぞれ「コンピュータが壊されている」「コンピュータが壊れた」となります。このうち（2）はいわゆる「受動態表現」で「誰かがコンピュータを壊した」という想定があるものの、語り手の関心はコンピュータが壊されている、ということに置かれています。（3）はいわゆる「自動詞表現」で、「コンピュータが（使っていて自然に）壊れた」といった内容で、「誰かが壊した」という想定が特にありません。

▼ 関係代名詞の場合

同様に、関係代名詞を使って2文を1文に書き換えるという典型的なエクササイズにしても、以下のような説明をすることが必要です。

　　解説：英語では名詞が表す対象に対して「それがどういうものであるか」といった**修飾情報を後から加えること**が可能です。たとえば、迷子の幼い女の子を探しているとしましょう。

Excuse me, I'm looking for a little girl. と述べ、その子の特徴と

して「長い髪をしていて、青いカバンを手に持っている」という情報を追加したい場合、どう表現すればいいでしょうか。関係代名詞節を使い以下のように表現することができます。

・I'm looking for a little girl **who** has long hair and is carrying a blue bag.

　ここで who が関係代名詞で、その働きは、「先行する名詞情報」（「先行詞」と呼ぶ）に情報を追加することで、**対象を限定化する、あるいは対象にさらなる情報を加える**というものです。「関係代名詞」という用語から、who に他の代名詞のように a little girl を受けると同時に、who が導く節の内容（who has long hair and is carrying a blue bag）を a little girl と関係づける働きがあることがわかります。

・関係代名詞は、**代名詞のように「先行詞を受ける働き」＋「節内容を先行詞に関係づける働き」**を併せもちます。2つの文で表現すれば、I'm looking for a little girl. She has long hair and is carrying a blue bag. となります。この場合、「幼い女の子を探していること」そして「その子は長い髪をして、青いカバンを持っていること」が同等の重要な情報として示されています。一方、I'm looking for a little girl **who** has long hair and is carrying a blue bag. といえば、「幼い女の子を探している」ということに情報の力点が置かれており、who has long hair and is carrying a blue bag はあくまでも a little girl を修飾する内容になっています。

　このように安易な置き換えではなく、それぞれの表現のもつ特性を説明することが大事であるということです。

■ 原則2：「間違った」理解の再生産は断ち切る

学校英文法の定番というものがあるわけではありません。言語学においても、文法をどう捉え、表象するかについて1つの「解」があるわけではありません。しかし、学校で教師が理解している英文法は、基本的に長きに亘って再生産されてきたものです。その再生産のプロセスの中で、たとえば、5文型という考えが生き残り、「数えられる名詞と数えられない名詞」、「間接目的語と直接目的語」といった概念が継承されてきたのです。問題は、この再生産過程において、**「間違った」情報も自明なこととして再生産されてしまっている**ということです。ここでいう「間違った」とは、「表現英文法上、有益な情報を与えない」という意味合いに理解しておいてください。

5文型の問題点は第5章で詳細に述べました。「数えられる名詞」と「数えられない名詞」という用語がありますが、これは誤解の元です。なぜなら、たとえば、先にも述べた通り、PIANOは数えられるのか数えられないのかといえば、a piano は数えられる対象を指しますが、piano は数えられない対象を指すからです。「ピアノを買う」という場合は buy a piano ですが、「ピアノ科を専攻する」は major in piano となります。ニワトリが産み落とした卵は an egg ですが、ネクタイについた卵は egg です。つまり、どういう対象を指すかによって a piano か piano、an egg と egg の選択が決まるということです。

▼ will の指導

たとえば、will を指導する際に、「未来を表現するのに使う」「will の用法には単純未来と意思未来がある」といった説明の仕方をします。確かに、will は未来のことを表現する際に用いられます。しかし、この説明では2つのことが欠けています。その1つは、**will は現在のことも表現する**ということです。Where is our manager? と聞かれて、I don't know, but she'll be in her office. と答える場合がそうです。目の前の電話がなって、I'll get it.（僕がとるよ）の場合も、現在のことと理解して

差し支えないでしょう。

　もう１つの欠けは、「未来とくれば **will**」といった理解に導いてしまうという問題と関係しています。未来は、want to、intend to、be going to、be scheduled to、be planning to などを使っても表現することができ、will はその中の１つでしかありません。このことに関連しますが、will は can, may, must, shall と同列で扱う「法助動詞」ですが、生徒の意識では、will (do) は、過去形や現在形と同列で扱う「未来形」だと考えている人がいます。

　will の用法にも問題があります。よく辞書や参考に、「単純未来」と「意思未来」という用法の違いが説明されています。しかし、「単純未来」とは何かということを改めて考えてみてください。意味がわかりますか？　われわれ筆者にもよくわかりません。「単純な未来とはどういう未来なんだろう」と生徒が疑問に思ってもおかしくありません。今日が土曜日だとして「明日は日曜日だ」は単純未来の事柄でしょうか。しかし、英語では、Tomorrow is Sunday. であって、Tomorrow will be Sunday. とはまず言いません。買い物をしてレジで How much do I owe you? （いくらになりますか）と尋ね、相手が That'll be 30 dollars, sir. と答えました。この will は単純未来の用法でしょうか。

　「意思未来」という言い方にも問題があります。「未来に向けての意思を表す」ということでしょうが、まず表現としてわかりにくいでしょう。「意思をもった未来」「意思をあらわす未来」という解釈ができるからです。そもそも、意思の表明は未来の事柄だけではなりません。

　そのため、will を適切に理解するには、「**will は現在の話し手の意思か推量を表す**」と生徒に説明すべきです。つまり、will はほかの法助動詞と同様に、話し手の態度を表現する手段なのです。話し手は「今、ここ」において発話します。そこで、「現在の話し手の意思か推量」となるのです。上の電話の例の I'll get it. はまさに、「今、話し手の意思」を表しているものです。**話し手の意思は直接表現**することができます。二人称である相手の場合は、**意思を問う**ことができます。しかし、３人

称の場合は、**意思を推量する**しかありません。

　結婚のプロポーズのシーンを想像してください。この場面で Will you marry me? と言えば、今、「ここで結婚してくれるかどうか」の相手の意思を問うています。そして、相手が、Yes, I will. と答えれば、この will はこのプロポーズの時点での相手の意思表明であり、文脈的に「求婚」という場面であることから、この will は「結婚する約束」としての効力をもつことになります。ところが、Will she marry him? の場合はどうでしょうか。第三者の彼女の意思は推量するしかありません。「彼女は彼と結婚する（意思をもっている）だろうか」という意味合いです。そして、相手が Yeah, she will. と応じたとすれば、これも「彼女は結婚する（意思をもっている）だろう」と（意思の）推量となります。It will rain tomorrow. のような場合は、意思は背後に退き、推量の意味合いが強くなります。

　will は「現在の話し手の意思あるいは推量を表す」という捉え方をすることで、Where is our manager? に対して、She'll be in the office. が現在の推量の事例だとわかります。同様に、「おいくらですか」という問いに That'll be 30 dollars. は「30ドルになります」ということですが、That's 30 dollars. と言い切らないで、will の推量を加えることで、幾分丁寧な表現になるということもわかります。もちろん、明日は日曜日だという場面で Tomorrow is Sunday. と表現する事例にしても、「ここでは**推量の余地がないから、will を使わない**」と説明をすれば、すんなり理解することができるでしょう。

　上では will を事例として取り上げましたが、can の理解、冠詞の理解、前置詞の理解など「間違った理解」が再生産されている場合が少なくありません。適切な文法指導を行うには、この**「間違い」の再生産を断ち切る必要**があります。

▌ 原則 3：表現と結びつかない文法は NG

繰り返しているように、文法のない言語はありません。ある言語を話

す人は、必ず、その言語の文法力を身につけています。言い換えれば、どの文にも文法の血が流れているということです。これが文法の実相であるにもかかわらず、英文法を勉強しても英語が使えるようにならないということをよく耳にします。英文法と英語が使えることとは別物と考える人もいます。これはおかしな話です。むしろ、**文法がわからなければ英語は使えない**というのが筋です。

　新学習指導要領（2022 年から施行）には、文法に関して以下の記述が見られます。

　　　文法事項の指導に当たっては，文法はコミュニケーションを支えるものであることを踏まえ，過度に文法的な正しさのみを強調したり，用語や用法の区別などの指導が中心となったりしないよう配慮し，使用する場面や伝えようとする内容と関連付けて整理するなど，実際のコミュニケーションにおいて活用できるように，効果的な指導を工夫すること。

　これは現行の学習指導要領の内容を踏襲したものになっていますが、まさに正鵠を射た表現です。**表現のための文法であって、文法のための文法ではだめ**だということです。

　表現と結びつかない文法指導は NG です。どういう指導法が表現と結びつかないのでしょうか。たとえば、以下の説明を見てください。

　　　今日から不定詞を取り上げます。不定詞とは to do の形のものをいい、I want to go abroad someday. の to go がそれです。日本語では「いつか海外にいきたい」という意味です。不定詞には、いくつかの用法があります。名詞的用法、形容詞的用法、副詞的用法が不定詞の 3 大用法です。今日、注目したいのは名詞的用法です。

　こういった文法指導は全国のそこかしこで行われているのではないか

と思います。この手の指導では「不定詞」という用語をいきなり使い、用法の説明に入るというところが特徴です。不定詞という文法項目を説明することに主眼が置かれています。その結果、生徒が不定詞を理解したかどうかをチェックするのに、「次の文の下線部は不定詞のどの用法にあたるか」「次の日本語を、不定詞を使って英語にしなさい」といったミニテストを行います。多くの場合、残念ながら不定詞の例文にも「切れ味」がありません。

「切れ味」といえば、表現と結びつく文法のための用例として、以下のようなものを示すことで生徒の関心は高まるはずです。

Pull to open. は「開けるにはここを引いてください」ということだし、worst food to eat for breakfast は「朝食で食べる最悪の食べ物」、I love to be alone. は「一人でいるのが大好きだ」という意味ですが、生きた用例に触れた後で、to の用法に注視させるのがいいでしょう。

■ 教師が英文法の本質を理解する

英文法は所与ではなく、自分の中に構築していくものという立場をとり、教師自らが英文法の本質をよりよく理解する努力が必要です。そして、自分が理解した**英文法を生徒のレベルに合わせて脚本化すること**、これが英語教育の課題です。脚本は教案でもあります。その際に、「**生きた英語の中の文法**」ということを絶対重視することです。たとえば高校生であれば、以下のような英文を示し to do の使い方に注目させるのもいいでしょう。

For everywhere we look, there is work to be done. The state of the economy calls for action, bold and swift, and we will act - not only to create new jobs, but to lay a new foundation for growth. We will build the roads and bridges, the electric grids and digital lines that feed our commerce and bind us together. We will restore science to its rightful place, and wield technology's wonders to raise health care's quality and lower its cost. We will harness the sun and the winds and the soil to fuel our cars and run our factories. And we will transform our schools and colleges and universities to meet the demands of a new age. All this we can do. And all this we will do.

（というのは、どこを向いても為すべき課題があるからです。経済情勢は大胆で速やかな行動を求めており、われわれは、新しい仕事を作り出すだけでなく、成長に向けての新しい基盤を築くための行動をするつもりです。われわれは、道路や橋を造り、そして我が国の商業を潤わせ、われわれを団結させる配電網やデジタル網を敷きます。われわれは科学を本来あるべき場所に戻し、技術的な力を駆使しながら医療の質をさらに高めのコストを減らします。われわれは、車の燃料をつくり、工場を動かすために、太陽や風や土壌を利用します。そしてわれわれは、新しい時代の要請に合うように、小中高の学校や高等教育機関のありようを変えていきます。このすべては、われわれにできることであり、このすべてをわれわれはするつもりであります）　　　　　Barack Obama 大統領就任演説 2009

これは、米国大統領のオバマ氏の伝説的な就任演説からの引用です。ここでは、We will do such and such to do something. の表現型が反復されています。オバマ大統領の決意あるいは公約として、We will do such and such を表明し、その目的を to do something で表しているのです。これはまさに「生きた英語の中の文法」です。

　文法指導で押さえておくことは、**文法は文を分解するためではなく、**

文を紡ぎ出すためにあるということです。文法を知ることで表現の幅が広がってくるということを生徒に実感させることです。言い換えれば、**文法用語ではなく、文法の表現型を自在に使えるように指導する**ことです。ここでいう表現型の例では、上の We will do such and such to do something. のようなものですが、不定詞を例にすれば、ほかにも I'm planning to do, I'm scheduled to do, I want to do など多数の表現型があります。要は to do という **to 不定詞だけに注目するのではなく、to do が使われる表現の型に注目する**ということです。そうすることで、表現のための文法指導が可能になるはずです。

　文法力を養成するうえで不可欠なのは、**生徒が文法項目を丸覚えでなく、納得して理解する**ことです。「不定詞には名詞的用法、形容詞的用法、副詞的用法がある」と理解するより、「前置詞の to がある場所や建物などに向き合うという意味であるように、to do は、**ある行為に向き合うという意味合いがあり、基本的に『これからする何か（未来志向的な意味）』を表す**」と理解するほうが、意味ある理解ということからいえば有益です。I want to clean my room. の to clean my room（名詞的用法）は「これからすること」であることは明らかであり、I have a lot of housework to do today. の to do today（形容詞的用法）も「これからする（家事）」ということです。そして、I want to clean my room to please my mother. の to please my mother（副詞的用法）は「お母さんを喜ばせるために」という意味合いですが、目的も「これからする何か」ということで共通しています。つまり、to do は名詞的に使ったり、形容詞的に使ったり、副詞的に使ったりしますが、共通項は同じということです。

　ちなみに、I'm pleased to meet you here. は「ここでお会いできて光栄です」という意味なので、to meet you here は「これからする何か」と解釈するとうまくいきません。しかし、「行為と向き合う」ということにおいては共通しており、「ここであなたとお会いするという行為に向き合って、嬉しいという感情を表現している」と解釈することができます。

われわれは、もっとも有効な文法指導は、「話すことで文法力を鍛える」ということであると考えています。指導の観点からいえば、無理なく自然な形で文法が表現活動の中に含まれるようにするということです。この点について、次章で詳しく見ていきます。

Chapter 8

口頭で文法力を鍛える

　第6章で、表現のための英文法を構想するにあたり、モノについて語る名詞の文法、コトについて語る動詞の文法、状況について語る副詞の文法の3つを提案しました。そして、それぞれの文法が関与する名詞チャンク、動詞チャンク、副詞チャンクを表現単位とみなしました。表現は以下のように、時間軸に沿ってチャンクを連鎖化することで行われます。この連鎖化のことをチャンキングと呼びます。

　たとえば、I don't know why she believed what Bill had told her.（ビルが彼女に言ったことをどうして彼女が信じたかは僕にはわからない）という文は、以下の3つのチャンクにより作られています。

    [I don't know]
    [why she believed]
    [what Bill had told her]

　チャンキングのプロセスに注目した文法指導のことを、Grammar in Chunking と呼びます。以下では、Grammar in Chunking に基づく、文

法指導について、事例を見ていきます。

■ Grammar in Chunking の事例

　われわれが提唱するチャンキング学習法とは、動詞コロケーションの
リストをチャンクの最小単位として、それに別のチャンクを加えていく
という方法です。**その際の鍵となるのは「選択可能性」ということ**で
す。以下は、筆者らが中学 2 年生を対象に「to 不定詞」の使い方につ
いて指導する際に用いた素材です。まず、to 不定詞の to に注目させ、
次のような板書をします。なお、)(は何かと向き合う関係を示す記号で
す。

　　　　前置詞 to と不定詞 to は違うが共通点もある
　　　　前置詞 to：空間的に物や場所に向き合う
　　　　　　　　　　　　　　　to
　　　　I went　　　　　　)(the convenience store.
　　　　不定詞 to：時間的に行為に向き合う
　　　　　　　　　　　　　　　to
　　　　I want　　　　　　)(go to the convenience store.

　「時間的に行為（すること）と向き合う」ということは、「これからす
る何か」だと説明し、to go to Hawaii だと「これからハワイに行くこ
と」、to study hard だと「頑張って勉強すること」というチャンクを確
認させます。そして、次のような気持ちを表すチャンクとこれから行う
ことのチャンクをリストで示し、生徒に自由に組み合わせるように求め
ます。

君の気持

I really want ...　ぜひ〜したい

I hate ...　絶対に〜したくない

I refuse ...　〜するのを拒否する

I'm planning ...　〜する計画だ

I've decided ...　〜することに決めている

これから行うこと

to go to Hawaii

to learn real English

to study very hard

to clean my room

to buy a new smartphone

to make a lot of money

to work part time

これは、最も単純な2つのチャンクをつなぐやり方ですが、ここでのポイントは、I've decided とか to make a lot of money をチャンク（意味のかたまり）として提示することです（細かい文法的な解析は必要ありません）。What do you really want to do? であるとか What are you planning to do? という教師の質問に間髪入れず、応答できるようになることが目標です。

T:　What do you really want to do?

S:　I really want to go to Hawaii.

この目標をクリアしたら、次に、**to do のもう1つの働きとして「〜するために、〜することを目的に」**を次のような形で示します。できれば to go to Hawaii、to try surfing、to learn real English などのイラストや

写真があるといいでしょう。

(I really want) to go to Hawaii　→→　to try surfing.

I really want to go to Hawaii と生徒が言えば、Why? とか「なんで？」と質問し、to try surfing とか to learn real English というチャンクを引き出します。

　ここで、教師は、「**to do** は『これからする何か』を表すよね。「～するため」という目的も『これからする何か』であることには違いないね」「to do の形はすごく使い道があるね」などとコメントします。そのうえで、以下のような選択肢を与えます。

I really want to work part time ...
I'm planning to go to Hawaii ...
I've decided to study very hard ...
I really have to clean my room ...

　　　　　　　　　　　　　to enter a good university
　　　　　　　　　　　　　to buy a new smartphone
　　　　　　　　　　　　　to please my mother
　　　　　　　　　　　　　to have a relaxing time

どういう組み合わせをするかは、生徒の自由意思にまかせます。ここ

でも、**選択肢が与えられているということがポイント**です。I really want to work part time to enter a good university. というチャンキングをした生徒には、「アルバイトすると大学の AO 入試なんかで評価されるかなあ？」などとコメントするといいでしょう。**選択肢があることで、活動は authentic になり、生徒も personal な自分事として表現する**ことができるようになるでしょう。この手のエクササイズでは、生徒側の認知的負荷はできるだけ下げる工夫が必要です。

　チャンキング的表現を繰り返すことで、文法力を高めることができます。さらに次のような情報をチャンクとして足す作業に展開してもよいでしょう。

チャンク X
this summer（この夏に）
before I graduate from high school（高校を卒業するまでに）
sometime in the future（将来のいつか）
right now（今すぐに）
later（後で）

すると、[I really want] [to work part time] [this summer] [to go to Hawaii]. のような文を作り出すことができます。このように、チャンクを連鎖化させることで、次のような表現の流れを型として生徒は身につけることになるでしょう。

チャンク A	+	チャンク B	+	チャンク C	+	チャンク D
I really want		to work part time		this summer		to go to Hawaii

チャンク A とチャンク B を合体させてチャンク AB にする練習するのもよいでしょう。すると、生徒は、I really want to work part time を 1 つのチャンクとして表現することができるようになります。

これがチャンキング学習法の方法です。まず、自分のことを語るということで**主語はⅠで始めるのがよい**と思います。もちろん、**主語を he とか she に変えて表現**してもよいでしょう。その場合、自分のことではないので、**確信の度合いを表す表現をチャンクとして示す**ことができます。

　　{It seems ..., I think ..., I'm not sure, but ..., I'm not sure, but it looks like ..., definitely ...}

すると、次のような表現を作り出すことができます。

　　It seems /she's planning to go to Hawaii/ this summer/ to have a relaxing time.
　　I'm not sure, but it looks like/ he has decided to study very hard/ to enter a good university.

　未来表現の場合には、{I will do, I will be doing, I'm going to do, I'm planning to do, I'm scheduled to do, I intend to do, I'm doing} などをチャンクとして示し、それぞれの表現の特性を簡単に説明しておきます。そして、動詞コロケーションや副詞情報などの表現リストを示すことで表現の瞬発力を高めるためのエクササイズを行う態勢が整うのです。

■ 比較級の指導もチャンキングを使って

　ここまで述べてきた GIC（Grammar in Chunking）の方法はいろいろな文法項目に適用することができます。たとえば、比較構文の指導を具体的に考えてみましょう。まず、8つの教科の難易度について比べる課題を与えます。教科のボックスにチェックを入れて、各自で難しいと思う教科を3つ、簡単と思う教科を3つ選びます。「難しい」は difficult、「簡単」は easy を基本としますが、同じ形容詞では飽きがくるので

difficult については tough（きつい）、easy については my favorite（自分の得意科目）をオプションとして与えます。For me A is difficult, but (I think) B is easy の形を使って 3 通りの表現を作ります（ノートに書く）。

{math, science, English, music, history, P.E., Japanese, biology}

Chunk 1

For me,

☐ math is difficult (tough)

☐ science is difficult (tough),

☐ English is difficult (tough),

☐ music is difficult (tough)

☐ history is difficult (tough)

☐ P.E. is difficult (tough)

☐ Japanese is difficult (tough)

☐ biology is difficult (tough)

Chunk 2

but (I think)

☐ history is easy (my favorite)

☐ P.E. is easy (my favorite)

☐ Japanese is easy (my favorite)

☐ biology is easy (my favorite)

☐ math is easy (my favorite)

☐ science is easy (my favorite)

☐ English is easy (my favorite)

☐ music is easy (my favorite)

生徒には自分が作った文章を各自で 3 回音読させます。教師は、5 名の生徒を一人ひとり当てて、発表を行わせます。Chunk 2 のはじまりは but のみでもよいし、but I think でもよいことを伝えます。たとえば、生徒 A は次のように発表するでしょう。

生徒 A

For me, math is very tough, but I think history is easy.

For me, biology is difficult, but English is my favorite.

For me, science is difficult, but P.E. is easy.

For me を加えることで、自分事としてこの課題を捉えやすくなります。

次に、比較級の構文 more ... than を取り上げます。通常は、as ... as の形から入り、比較級、最上級と進みます。しかし、ここでは比較級をまず取り上げます。同等比較（as ... as）より、日常的によく使われ、しかも実感としても「A は B より〜だ」のほうが生徒にわかりやすいためです。教師は、使わせたい構文を提示します。

　　　-er/more ... than ...

easy は easier than になり、difficult は more difficult than になることを伝え、以下のような事例を示します。

　　　I think /math is more difficult / than science.
　　　For me, /English is easier / than Japanese.

これに倣って、たとえば For me, math is tough, but I think history is easy. と回答した生徒には、以下のように表現するように促します。

　　　For me, math is tough, but I think history is easy. I mean, personally, math is more difficult than history.

他の生徒にも、教科の難易度について自分が評価した内容に基づいて、ここでの例のような文を作らせます。
　この段階で、教科の難易度比較を離れ、3 つの形容詞対を強弱の尺度をつけて紹介します。何かを比較する際の観点を提供するためです。

　　　strong　1-----2-----3-----4-----5-----6-----7　weak
　　　noisy 　1-----2-----3-----4-----5-----6-----7　quiet
　　　fast 　　1-----2-----3-----4-----5-----6-----7　slow

比較級表現のために、stronger than, weaker than, noisier than, quieter than, faster than, slower than の口慣らしを十分にします。その意味も確認しておきます。そのうえで、以下を比較の対象として示します。

my mother, my father, my sister, my brother, the tiger, the cheetah, the elephant, my cat

生徒に3つの**比較の観点（strong, fast, noisy など）を使って、それぞれの文を作成**させます。全員が作成したところで、各自の作品を発表させます。たとえば生徒 A が次の3文を作成したとします。

My mother is stronger than my father.
My sister is noisier than the elephant.
The tiger is faster than the cheetah.

　次に生徒に発表をしてもらいますが、その際に慣用チャンク表現として I'm sure、I think、そして I don't know, but の3つを順番に使うよう指示します。

I'm sure/ my mother is stronger than my father.
I think/ my sister is noisier than the elephant.
I don't know, but/ the tiger is faster than the cheetah.

音読する際に、I'm sure/ my mother is stronger/ than my father と3つのチャンクに切ってチャンク読みを行うよう指導します。ここでは、7～8名ぐらいの生徒に発表をさせます。同じことを全員にやると惰性で発表するようになるため、7～8名程度に限定するのが効果的でしょう。生徒が I'm sure our teacher is stronger ... でポーズを入れて、他の生徒に残りを入れさせる方法もバリエーションとして取り入れてもいいでしょう。

このように、不定詞であれ比較表現であれ、表現活動の中で使うようにすること、そして用例はできるだけリアルなものを使うようにすることで、新しい文法の指導が可能になってきます。われわれは、文法項目の多く（関係代名詞、動名詞、仮定法、助動詞、時制など）がこういうGrammar in Chunking のやり方で指導したり、学んだりすることができると考えています。

■ おわりに

　文法といえば、英語の文の構造を理解するためのもので、問題集などの練習を通してその仕組みを理解するという共通理解があるように思います。しかし、文法力は、**自由に表現を作り出し、理解することができる力の主要素**であり、それを鍛えるためには、発想の転換が必要です。本書では、新しい文法の学びの方法として、チャンキング学習法を提案しました。この手法は、全国の高等学校のいくつかで教員向けワークショップを行い、そこで試していますが、参加した先生たちからは高い評価を得ています。チャンキング学習法で英文法の全体のどれぐらいがカバーできるかですが、ざっくりいえば 8 割程度の内容をカバーできるのではないかという感触をわれわれは得ています。

Chapter 9

慣用表現を学ぶ

　以前、ある出版社の編集者が英語の熟語帳を作成する際に、「どうせ熟語は単語帳の添え物のようなものですから」といいました。学校でも、熟語は覚えるしかないので、生徒各自に覚えさせており、体系的な指導は行っていないと報告する教師も少なくありません。大学生に聞いても、その教師の発言を裏付ける結果が得られます。つまり、彼らは中高時代に「熟語帳」のようなものを利用しながら、ひたすら暗記したといいます。中には、熟語は格好いいけど、なかなかうまく使えないという本音をもらす大学生もいます。せっかく覚えた熟語も丸覚えなので、早晩、記憶もあやふやになり、使えるどころではないというのが正直なところでしょう。

　ここには2つの問題があります。その1つは、**熟語は英語学習の副次的なものなのか**、という問題です。そして、もう1つは、**熟語は丸暗記するしかないのか**、という問題です。われわれの答えは、いずれの問いについても「否」です。慣用表現力を身につけることは英語力の要です。そこで、この章では慣用表現について詳しく見ていきます。

■ 慣用表現の性質

　どの言語でも夥しい数の慣用表現があります。慣用表現は、まさに慣用化された表現であることから、言語のやりとりという実践の中で、**反復して使用され**、**慣用表現を聞けば**、**意味が瞬時に理解できる**というも

のです。「おはよう」や「こんにちは」はその典型例です。朝初めて出会った人には「おはよう」とあいさつをします。すると、相手も「おはよう」と応えてくれるでしょう。慣用表現なくして言語活動は行えないというぐらい重要なものです。「ありがとうございます」「よろしくお願いします」「まあまあです」「遺憾であります」などすべて慣用表現です。

　慣用表現は**日常的に大切だから慣用化され、その言語を話す人によって自然に使われる**のだということができます。デンマークの言語学者イェスペルセンは、「言語は自由表現（free expressions）と慣用表現（formulas）の両輪である」と述べています。自由表現は、語彙と文法を使って創造的に作り出す表現のことをいいます。一方、慣用表現は、そのままの形で日常的に反復使用される表現のことをいいます。日本語や英語といった言語文化が産出した表現のストックです。そしてそのストックは何万の数になるといわれています。

　しかし、慣用表現と一口にいっても、その種類は多様です。慣用表現の世界に分け入るためには、**その夥しい数の慣用表現をどう分類するか**、という問題について見ていく必要があります。以下では、いわゆる「慣用表現」をどう分類するかを示していきます。

■ 慣用表現のタイプ
■ 丸ごと慣用表現（日常的な表現）
　「慣用表現」といって、第一に思いつくのが、以下のような日常的な決まり表現です。

　Oh, I see.（ああ、そうか、わかった。）
　Oh, my, my.（ああ、なんてこった。）
　Give me a sign.（合図して。）
　I wish I could see you.（会いたいな。）
　I'm bored.（飽きちゃった。）
　You can keep it.（あげるよ。）

I'm mad.（頭にきた。）

I found it!（（探し物をしていて）あった！）

Take a guess.（当ててごらんよ。）

I'll do it later.（あとでやります。）

You'll be sorry.（後で後悔するよ。）

Not now.（後にして。）

これらは見たらわかるように、日常生活のいたるところで使われます。海外に行った日本人の子どもがまず使えるようになるのもこうした表現です。日常会話では You can keep it. とか I found it! など丸ごと反復して使われます。そこで、上記のような慣用表現のことを「丸ごと慣用表現」と呼ぶことができます。

■ 諺（成句・箴言）としての慣用表現

第二に、わかりやすい慣用表現の事例として「諺とか成句とか箴言<ruby>箴言<rt>しんげん</rt></ruby>」の類の表現が多数あります。現代英語でもよく使うものをいくつかリストすれば以下のようになります。

A drowning man will catch at a straw.（溺れるものはワラをもつかむ。）

Walls have ears.（壁に耳あり。）

Easy come, easy go.（悪銭身につかず。）

Give and take.（もちつもたれつ。）

A hedge between keeps friendship green.（親しき仲にも礼儀あり。）

Haste makes waste.（急いては事を仕損じる。）

Strike while the iron is hot.（鉄は熱いうちに打て。）

As you make your bed, so you must lie in it.（自業自得。）

Every cloud has a silver lining.（苦あれば楽あり。）

Four eyes see more than two.（3人寄れば文殊の知恵。）

An apple a day keeps the doctor away.

（1 日 1 個のリンゴを食べれば医者はいらない。）

Speak of the devil, and he will appear. （噂をすれば影が差す。）

Money talks. （金がモノをいう。）

Money comes and goes. （金は天下の回りもの。）

A book that remains shut is but a block. （宝の持ち腐れ。）

Rules are made to be broken. （ルールは破られるために作られる。）

The dice is cast. （サイは投げられた。）

When the cat is away, the mice will play. （鬼のいぬ間の洗濯。）

Grass is always greener on the other side of the fence.
（隣の芝生は青いもの。）

これらは状況をまとめ上げるときなどに効果的に使われます。誰かが Rules are rules. （決まりは決まりだ）といえば、それに対して Rules are made to be broken, you know. のように応じる方法があります。これは慣用表現に対して、慣用表現で応じている例です。

　上のリストに**有名人のコトバ**などを加えると「諺（や成句や箴言）としての慣用表現」の数は相当の数になります。たとえば、トルーマン大統領の執務室には The buck stops here. （責任は俺がとる）が座右の銘としてあり、この The buck stops here. は米国人の多くが知っている表現です。同様に、同時代を生きたマッカーサー元帥の Old soldiers never die, they just fade way. （老兵士死すことなく、ただ静かに去るのみ）だとか、平和主義者ガンジーの You must be the change you wish to see in the world. （世界で見てみたいと願う変化にあなた自身がならなければならない）、あるいは銃弾に撃たれたパキスタンの少女として有名なマララ・ユスフザイの One pen can change the world. （一本のペンがあれば世界を変えられる）など枚挙に暇がありません。

■ 語固有の慣用表現
　第三に、動詞や名詞や形容詞を単独で取り上げた場合、非常の多くの

慣用表現が見つかります。これを「語固有の慣用表現」と呼ぶことができるでしょう。ここでは、具体例として、動詞 run が作り出す慣用表現のいくつかをリストしてみます。

- be running late（(予定より) 遅れている）

  We're running late. Hurry up!

- make your blood run cold　（(恐ろしさで) 血を凍らせる）

  Just the thought of him makes my blood run cold.

- run an errand（使い走りする）

  I have to run a few errands for my mother.

- run around in circles（堂々巡りをする、まごつく）

  I feel like I am running around in circles trying to deal with this problem.

- run deep（流れが深い）

  Prejudice runs deep in that part of the country.

- run for your life（(危険などから) 命からがら逃げる）

  The volcano is erupting. Run for your life!

- run its course（通常の経過をたどる）

  I think we should let the problem run its course and see what happens.

- run out of steam/gas（燃料切れになる；元気がなくなる、活力を失う）

  After a day of Christmas shopping, I ran out of steam.

- run riot（騒ぎまわる）

  The class ran riot with the substitute teacher.

- run wild（(植物が) 自然のままはびこる）

  After his death, the garden was left to run wild.

- well/badly run（うまく経営された／経営のまずい）

  Everyone thought the class was well run.

これだけではありません。run にはいわゆる句動詞と呼ばれるものも多数あります。run after, run on, run down, run up, run away, run along, run back, run bchind などがそれです。

　動詞の慣用表現として「句動詞」と「動詞慣用表現」を分けることが可能です。同様に、名詞関連の慣用表現、そして形容詞関連の慣用表現といった具合に品詞を考慮しつつ、個々の語が繰り広げる慣用の世界をまとめるということができるでしょう。

▌ 副詞的慣用表現

　第四に、**情報的にみて、副詞情報を表す慣用表現が圧倒的に多い**と思います。以下の例に見られるように、表現自体が副詞的な働きをする表現です。

> in the end/ as a result/ by and large/ generally speaking/ to make the matters worse/ to make a long story short/ after all/ to start with/ to wrap up/ to one's great surprise/ in contrast/ in one's opinion ...

これらの副詞的慣用表現の数は多数ありますが、それを機能別（「要約する」「はじめる」「感情を表す」など）に分類することは英語力を高める際に大変有用であると思います。

▌ 前置詞的慣用表現

　これだけではありません。第五に、品詞といえば、以下のように**かなりの数の前置詞句**があります。

> in terms of/ with respect to/ as regards/ in light of/ in lieu of/ on account of/ on the basis of/ above and beyond ...

■ 数量的慣用表現

　さらに、第六として、いわゆる「数量詞」に関連する慣用表現も加える必要があるでしょう。

　plenty of/ a lot of/ millions of/ tons of/ a great amount of/ a bulk of/ a blade of/ a piece of/ a cup of ...

■ 機能的慣用表現

　そして、第七に、慣用表現の「大物」といえば、**機能的慣用表現**があります。「依頼する」「約束する」「提案する」「念を押す」「割り込む」「同意する」「反論する」などといった行為を言語機能と呼びます。そして、それらを表現する際のコトバの多くは慣用化されたものです。たとえば、以下はその事例になります。

・話題を導入する
　You know what? / Guess what. / You'll never guess what happened. /Did I ever tell you that ...? / Listen. I have the most astonishing things to tell you. /You know what (Dorothy did)? / Did you know what happened to (Jim)?
・話題を変える提案をする
　How about this? /I'll tell you what. /Tell you what.
・何かの提案を求められ、しばらく考えたあとで、ある考えを導入する
　How does this sound? /I don't know, but one possible idea would be .../ I know what we can do.
・途中で話題を変更する
　Oh, by the way .../ Incidentally .../ To get off the subject a moment .../ That reminds me of something. / Do you mind if I change the subject?
・一度脱線した話を元に戻す

To return to our main topic .../ To get back to the point .../ Let us get back on the track .../ Where was I?

このように**機能慣用表現は言語を使う目的とつながっており、慣用表現の中でもその重要度は高い**といえるでしょう。

▎ 文法的慣用表現

最後に第八として、**文法慣用表現**といったものがあります。学校で英文法の時間に覚えたことのある構文たちです。

if it were not for.../granting that .../ provided that .../ I wish I were .../ Nothing is more ... than/ I'm planning to/ I'm going to/ I'd like to/ far from/ by no means/ should've done/ would've done/ it goes without saying that/ it seems to me that/ not so...as/all you need to do is ......

以上、慣用表現を整理すれば、①丸ごと慣用表現、②諺（や成句や箴言）としての慣用表現、③語固有の慣用表現（個々の動詞、名詞、形容詞が作り出す慣用表現）、④副詞的慣用表現、⑤前置詞的慣用表現、⑥数量的慣用表現、⑦機能的慣用表現、⑧文法的慣用表現があります。これだけではありませんが、主だった慣用表現を分類するには有用な分類基準だろうと思います。これまで、熟語とは決まり文句という名の下、雑多な表現がリストされてきましたが、ここで示したような**分類を行うことが慣用表現力を身につける第一歩**だろうと思います。

■「慣用表現力」という考え方

上では、たくさんある慣用表現の分類の方法を示しました。英語力という観点からみた場合重要なのは、「慣用表現力（formulaic competence）」を身につけるということです。

私たちは、日々の会話で、その都度、単語と文法を使って、自由に表現を作り出しています。これを「自由表現（free expression）」といいます。しかし、どの言語にも非常にたくさんの慣用表現があります。上でも指摘した通り、言語は自由表現（free expression）と慣用表現（formula）を両輪として機能しており、どちらにも教育的配慮をする必要があるとわれわれは考えています。

　英語力を高めるためには、自由表現を作るための「文法力」と「語彙力」と同様に、「慣用表現力」にも注目する必要があるということです。しかし、残念ながら「慣用表現力」という概念はキチンとした形では、現在の英語教育の中で定義されていません。

　実は、「慣用表現力」は、筆者らが最近使っている用語です。概念が生まれることで、はじめて教育の対象が定まることがあります。基本語力や慣用表現力はまさにその働きをする概念だとわれわれは考えています。

　荒っぽい言い方をすれば、**慣用表現を有効に使って思いを表現する力**、これが「慣用表現力」です。慣用表現力があれば、意図（言いたいこと）を最も的確に表現することができます。たとえば、謝罪する際に日本語では「どうもすみません」（英語だと I'm sorry.）といいますが、これは謝罪の気持ちを端的に表す慣用表現です。

　ここで強調したいポイントは、慣用表現を自分の英語力の一部にするには、**慣用表現をバラバラに暗記するのではなく、関連づけて「慣用表現ネットワーク」として学ぶ**ということです。慣用表現がネットワークのように整理されていれば、それは確実に生徒の英語のレパートリーとなるはずだからです。

■　慣用表現を学ぶ

　慣用表現が上手に瞬時に使えるかどうかが、真の英語力の鍵であることは間違いありません。上では、慣用表現の分類の仕方を8個の領域として示しました。慣用表現を使えるようにするには、それぞれの領域（ドメイン）の表現をネットワークとして関連化させる方法が効果的だ、

とわれわれは考えています。なお、ここでいう「ネットワーク」は「意味的に関連した表現をまとめたもの」を指す言葉です。

▌ 数量詞のネットワーク

　たとえば、数量詞関連の慣用表現は相当数ありますが、質量名詞（water や paper など）を計量する慣用表現に注目してみましょう。a

A. 容器

a bucket of water
（バケツ 1 杯の水）
a cup of coffee
（1 杯のコーヒー）
a glass of wine
（グラス 1 杯のワイン）
a spoonful of honey [medicine, sugar]
（スプーン 1 杯のはちみつ [薬、砂糖]）
a pot of tea（ポット 1 杯の紅茶）
a bag of flour（ひと袋の小麦粉）
a carton of eggs
（卵 1 カートン）
a barrel of whiskey
（ひと樽のウィスキー）

B. 分断

a bar of chocolate [soap]
（1 個の棒状のチョコレート [石けん]）
a cut of meat（ひと切れの肉）
a slice of ham（ハムのひと切れ）

C. 単位

a blade of grass（1 枚の草）
a block of ice（ひとかたまりの氷）
a chunk [hunk/block] of cheese
（ひとかたまりのチーズ）
a lump [cube] of sugar（1 個の角砂糖）
a stick of gum（1 枚のガム）
a cake of soap（1 個の石けん）
a lock of hair（ひと房の髪）
a pane of glass（1 枚のガラス）

piece of とか a cup of などがその例ですが、この計量を表す慣用表現を「容器」「分断」そして「単位」の3つの観点から整理し、ネットワークを作ることができます。

　ここでは、計量に関する表現を「容器」「分断」「単位」にわけ、慣用的な表現を整理する方法を示していますが、このネットワークを見ているだけで「覚えやすい」と感じるでしょう。それだけではなく、**意味的に関連したネットワークとして覚えておくと、使う際にも使い勝手がよくなる**と思います。バラバラの知識より、関連づけられた知識のほうが役立つということです。

▌ 機能的慣用表現のネットワーク

　機能的慣用表現の領域においても、たとえば「割り込み」に注目してネットワーキングすれば、①他人の会話の中に自分が第三者として割り込む場合の表現、②相手が話している最中に、何か質問したり、コメントしたくなったときの表現、③直接的に割り込む場合 / 相手の言っていることが間違っている場合の表現、そして④割り込みを望まないときの表現などのように、実際に起こりうる行為に注目する方法があります。

・他人の会話に第三者として割り込む
　Pardon the interruption, but ... /I'm sorry to interrupt you, but ... /Excuse me for interrupting, but .../ May I interrupt you for a moment?
・対話の相手として質問やコメントするために割り込む
　Sorry, but I have a question./ May I ask you a question?/ I would like to say something. / If I might add a word ... /Do you mind if I say something? /Can I say something?
・直接的に割り込む場合 / 相手の言っていることが間違っているので割り込む
　Hold it, Ken!/ Wait a minute, Susan!/ But, Mom ...

・割り込みを望まないとき

Hold on a minute./ Could you hold on a minute?/ OK, but let me just finish./ Let me finish this./ May I finish?/ Just a minute, I want to say one more thing./ Just one more thing (and I'll drop the subject). /Please don't interrupt./ Hear me out, please.

　同じように、機能表現領域の中で「慰め・お悔やみ」ということに注目すれば、「慰めの言葉を言う」に対して「慰めのコトバを受け入れる」「慰めの言葉を受け入れない」があり、また関連項目として「お悔やみを述べる」に対して「お悔やみの言葉に応答する」があります。ここで、ネットワークを作成するとは、それぞれの行為を表現するための慣用表現を整理することをいいます。そうすることで、表現のレパートリーを広げていくことができるはずです。

・慰めの言葉を言う

That's too bad./ That's awful./ Oh, I'm very sorry!/ I'm sorry to hear that./ I know how you feel./ I feel bad that there's nothing I can do to help./ I feel pity of you./ What a pity! /Tough break. /Better luck next time./ What a terrible thing to have happened!/ I'm sorry to hear that. It must be pretty rough on you./ I can imagine you feel bad. /I sympathize with you./ I know how you must feel. ...

・慰めの言葉を受け入れる

Thank you. That's very kind of you./ It is a pity, isn't it?/ Oh, well, such is life./ So it goes, I guess. /Better luck next time.

・慰めの言葉を受け入れない

Don't feel sorry for me. /You don't need to feel sorry for me./ Don't give me your sympathy./ Oh, leave me alone./ I don't want your pity./ I don't need your sympathy.

・お悔やみを述べる

I'm sorry to hear about your father./ Let me offer my condolences./ Let me tell you how sorry I am to hear about your grandmother./ I know how you must feel ... /It must be pretty hard on you ... /You must feel terrible about losing your brother like this ...

・お悔やみの言葉に応じる

Thank you./ That's very kind of you./ There's nothing that can be done about it./ It's God's will, I suppose ...

　これらの表現をバラバラに丸覚えするのと、このように意図に応じた慣用表現を整理した形で覚えるのとでは、大きな違いがあります。ここでのポイントは、ネットワーキングという作業において、**話題を決め、その話題の言語的展開をネットワークの観点として想定**することで、**現実世界での言語使用に即した慣用表現の整理の仕方**ができるということです。

■ 慣用表現のプレハブ効果

　慣用表現にはプレハブ効果というものもあります。文法慣用構文の場合、構文の型を利用しつつ、部分だけを調整することで簡単に表現を作り出すことができるようになります。I wish I were ... とか Nothing is more important than ... とか All I want to say is ... など文法慣用構文はたくさんありますが、それを有効に使うことで**英語表現を楽に作り出す**というのが慣用表現のプレハブ効果です。ここでは、I wish I were を例にしてみましょう。

I wish I were Superman.

I wish I were a bit taller.

I wish I were smarter than that guy.

I wish I were much richer and much more active.

I wish I were able to marry that woman and live on an island in peace together.

I wish I were able to get the Nobel Prize in literature and donate all the money to the poor.

I wish I were が繰り返されていますが、これは慣用表現の生産性の高さ（いろいろな表現を作り出す力）だということができます。

■ 会話の流れを調整する慣用表現

慣用表現は会話の流れを調整する際にも重要な働きをします。ここでも具体例を見ておきます。会話では you know と I mean が多用されます。これらは慣用表現です。この2つは慣用的な使われ方をする表現の代表です。you know は「相手への投げかけ」と「相手との知識共有の確認」、I mean は「話し手が自ら意図を明らかにする」という原基的な機能をもっています。you know が「相手への投げかけ」であるとすれば、I mean は「自助努力の現れ」です。また、相手への投げかけは会話の協働作業性を絶えず確認する作用があります。

もう少し具体的にいうと、you know は、(1) 相手の注意を喚起し、後続する内容に関心を向けさせる、(2) 相手に馴染みある情報を導入することでわかりやすく説明する、(3) 組み立てかけた情報を捨てて、再度組み立てなおす、(4) 相手に共感を求める、(5) 語句が思いつかないとか言いにくいことをいう際のシグナルなどとして機能します。たとえば、以下の会話では A が2度 you know を使っています。最初の you know は相手の注意を喚起し、後続する内容に関心を向ける作用があります。2つ目の you know は相手に共感を求めるという働きがあると考えることができます。

A: They really are, because they don't know anything.

B: Right, right. They're just discovering it.

A: You know, kids are kids, and when they reach puberty, hormones go crazy, you know.

一方、I mean は、①関連情報の追加、②言い直し（構文的調整）、③念押し、④理由付け、⑤言い淀み、⑥先行内容の明瞭化、⑦結論化などの働きをします。

A: So your first love. When was --- when you really felt --- fell in love, about how old were, I mean, when you really felt like this is real serious?

この例では、うまく表現がまとまらず、試行錯誤を重ねた末に、言い直しをしていますが、その際のシグナルとして I mean が使われています。

　言いたいことを思いつくまま話す。これが自然な会話の様相です。そのためには情報を必要に応じて追加しなければなりませんが、情報追加の過程において、ストーリーがはじめから完成しているわけではなく、**話しながらストーリーを作るという生の会話においては、言い直し、言い淀み、話題の放棄**などがごく自然に起こります。会話のフローは文の直線的な線上をなだらかに進むというよりも、むしろ自己修正を行いつつ、断片が断片を引き込み合いながら、意味的なまとまり感を生み出していく流れです。そこで重要な役割を果たすのが you know と I mean などの慣用表現です。これらの慣用表現は、**会話のナビゲーターのような働き**をします。

　このように、英語を使う中での慣用表現ということに注目することが大切です。上でも述べましたが、慣用表現力は、語彙力と文法力と並んで、英語力の要になります。**「慣用表現力」という概念を意識して英語を勉強**すればきっと英語力は高まると思います。次の章では、生徒に慣用表現力をつけさせるための資料として、慣用表現の具体的な使い方をいくつか紹介します。

Chapter 10

慣用表現の指導のための事例

　ここでは、慣用表現を指導するにあたり、日常行為における慣用表現の具体的な使い方を見ていきます。まず、注目したいのは「断る・反論を述べる」際の慣用表現です。

■ 断る・反論を述べる際の慣用表現

　英語で会話をしていて難しい場面は、何かを断る場合と反論を述べる場合だと思います。どちらも、下手をすると相手の面子をつぶしたり、相手を不快な気持ちにさせたりする可能性があるからです。ここでは、上手に「断る」と「反論する」ためのやり方を見ていきます。その鍵になるのは慣用表現の使い方です。

■ 断る（refusing）

　まず同じ断るといっても、「依頼（頼みごと）を断る」と「申し出・勧めを断る」があります。まず、**頼みごとを断る場合**を見てみましょう。たとえばRex が仲のいい友人 Jim に Could I borrow your car?（車貸してくれない？）と頼まれたとします。Rex は、はっきり No way!（ダメ！）と応じます。もちろん、一度断っても、相手が簡単に引き下がるとは限りません。

Jim: Rex, could I borrow your car?

（ねえ車、貸してもらえないかな）

Rex: No way.

（ダメだね。）

Jim: Come on. It's just a company car.

（いいじゃない。会社の車だろう。）

Rex: I can't. I'm responsible for it.

（無理だよ。ちゃんと責任があるんだから。）

Jim Just for two hours. Please....

（2時間だけ、お願い。）

Rex: Look, I wish I could, but I'm sorry I can't.

（うん、できればそうしたいんだけど、ゴメン、無理なんだ。）

このやりとりの中に注目すべきことがいくつか含まれています。まず、Rex の No way. ですが、「ダメ」とか「無理」という意味合いです。これは、親しい間柄でなければまず使いません。しかし、Jim はそれでも諦めず、「いいじゃないか。どうせ会社の車だろう」と迫ります。ここで Rex は理由を述べて、「無理だよ。ちゃんと責任があるんだから」と断ります。さらに、相手は「2時間だけ、お願いだから」と懇願しますね。それに対して、Rex も「できればそうしたいんだけど、でも、ゴメン、無理なんだ」と相手の立場を尊重しつつ、やんわり断ります。

　すなわち、**何かを断る際には「理由を述べる」と「相手の立場を尊重する」の2つ**がポイントということです。相手の立場を尊重しながら断るには、「すみません」とか「残念ながら」と**申し訳ない気持ちを表現する方法**と、「できればそうしたい」と**自分としては受け入れたいという気持ちを表現する方法**があります。英語では、以下の表現がその典型例です。

I'm sorry I can't.

（すみません、ちょっと無理なんです。）

I'm afraid I can't.

（残念ながら無理なんです。）

I'd be happy to, but I just can't.

（喜んでそうしたいんですが、でも無理なんです）

I wish I could, but I'm sorry I can't.

（できればそうしたいんだけど、ごめん、無理なんだ）

以下は、上司に、「今週の土曜日に仕事頼めるよね」と言われ、「残念ながら、それはできないです。妹の結婚式に出席することになっているんです」と断る場面です。

A: Can you work this coming Saturday?
B: I'm afraid I can't. I'm going to my sister's wedding.

　もう1つ、何かを断る際には、相手を納得させるため、**断る理由を述べる**ことが求められます。この例でも、「結婚式に行くこと」が理由になっています。たとえば Could you help me with this statistical analysis?（この統計分析を手伝ってくれない）と頼まれて、I'm sorry I can't.（ごめん、できません）と断ったとします。「申し訳ないけど」という気持ちが表現されていますが、これだけだと相手は納得しないでしょう。そこで、I'm sorry I can't. I don't know much about statistics.（ごめん、むりなんだ。僕自身も統計は詳しくないんだ）のように、手伝えない理由を述べる必要があります。さらに加えて、Why don't you ask John? He knows everything.（ジョンに聞いてみたら。彼ならなんでも知っているよ）と提案をしてあげるとなおいいですね。

　さて、I'm sorry I can't. は依頼を断る際の表現ですが、「**申し出や勧めを断る**」という場合は、I'm sorry I can't. では不自然です。たとえば、

あなたが同僚の山田君に何か至急話したいことがあるとします。

 A: Would you like me to tell Mr. Yamada you want to have a talk with him?

 B: No, thank you. I'll tell myself.

 この例に見られるように「申し出や勧め」を断る際の定番は、「**感謝の意**」を**示す**ということです。上の No, thank you. は「いや大丈夫。ありがとう」ということですね。他にも以下のような表現が使われます。

Thank you very much for the offer, but ...
（申し出はとてもありがたいのですが）
Thanks for asking, but ...
（たずねてくれて本当にありがたいんだけど）
It's very nice of you to ask, but ...
（たずねていただいてお気持ちはうれしいのですが）

「感謝の意」を示すだけでなく、以下の例のように I'd really love to, but... （できればそうしたいが…）という気持ちを示しつつ断るやり方もあります。

 A: Would you like to have dinner with Ms. Yamada and me?
  （山田さんと私と一緒に食事をしませんか。）

 B: I'd really love to, but I already have plans for dinner.
  （ぜひそうさせていただきたいところですが、すでに夕食の予定が入っています。）

上で説明したことを慣用表現ネットワークにまとめると、次のようになります。

■ 断るための慣用表現ネットワーク

① 依頼を断る

・申し訳ない気持ちを表して断る
I'm sorry I can't.

・理由を述べて断る
I'm sorry I can't. I have to attend ...

断る

② 申し出・誘いを断る

・感謝しながら断る
Thank you very much for the offer, but ...

・断る
Thanks for asking, but ...
It's nice of you to ask, but ...

・「ぜひそうしたいところだけど…」と断る
I wish I could, but ...
I'd really love to, but ...

■ 反論する (disagreeing)

次に、反論の仕方を見ていきましょう。ある意見に対して反論する際の最も直接的な言い方は以下の通りです。

I disagree. (反対です。)
No, I don't agree. (いえ、賛成できません。)
I have an objection. (反論があります。)
I'm against the plan. (その案には反対です。)

たとえば、以下では、「若い人のほうが年配者よりもこの仕事には向いている」というAに対して、「反対ですね」と応答する例です。

A: I think the younger people are more suitable to this job than the older ones.

B: Well, I disagree.

　このように、賛否両論がある議論などでは、反対であることをはっきりと言明することは決して失礼なことではありません。しかし、反論されるということは、相手にとってうれしいことではありません。下手をすると相手の気分を害してしまうことになりかねません。そこで、以下のように、相手を傷つけないように**配慮した言い回し**が求められます。

Actually, I'm a little bit concerned about your way of making decisions.
（実を言えば、あなたの決定の仕方に少し懸念があります。）
I don't mean to argue with you, but you should give sufficient consideration to the cost performance.
（議論をふっかけようというのではありませんが、コスト・パフォーマンスにも十分に配慮していただきたいと思います。）

ここでは、相手の言っていることを言下に否定することなく、「相手の気持ちはわかるがそれでも…」という部分的に否定する形になっています。つまり、**相手の意見を立てつつも、相手と異なる自分の意見を述べるという方法**です。たとえば、以下を見てみましょう。

A: The Chinese restaurant is reasonable, but I don't like the atmosphere.
（そのチャイニーズレストランは、値段は手ごろだけど、雰囲気が気に入らないな。）

B: I see what you mean, but I like it because you get such a wide variety of dishes to choose from there.

（それはわかるけど、僕は、そこではいろいろ選べるから好きだな。）

もう 1 つ例を挙げます。以下は、男女差について女性の A が感情的に発言したことに対して、B がやんわりと応答する場面です。

A:　It's absolutely men's fault that women are oppressed.
　　（女性が抑圧されているのは絶対に男性の責任よ！）
B:　Yes, I understand what you mean, but I also think women who accept it help to perpetuate the problem.
　　（確かにそうです、でも、女性がそれを容認していることが問題を長引かせるのだとも私は思います。）

　ここで B は、相手の立場に理解を示しつつ、自分の意見を述べることで、相手に理性的に考える機会を与えるような表現をしています。I understand what you mean, but ... の代わりに I agree with you up to a point, but ... のように「ある程度は賛成ですが」ともっていく方法もあります。
　また、「相手に自分の意見の再考を促す（相手の意見を質す）」際には、以下のように Yes, that makes sense, but what about ...? などもよく使われれます。

A:　I think private medicine should be an option for anyone who wants it.
　　（民間による医療も受けたい人には選択肢の 1 つにすべきだよ。）
B:　Yes, that makes sense, but what about people who cannot afford to pay for it?
　　（ええ、それはもっともです。しかし、その費用を払う余裕がない人たちはどうなるのでしょうか。）

ここでは相手の意見を質すのにやんわりと表現していますが、もっと直接的な言い方としては The fact of the matter is ... （実際問題としては）、I think you're mistaken.（間違っていると思います）などがあります。

　もちろん、考えられない意見を示しているとか、自分とは真っ向から意見が異なるとか、無理難題をぶつけてきているとかいった場合には、That's out of the question.（論外だ）とか That's impossible.（そんなのありえない）のように、感情的に反論することもあるでしょう。

　以上を踏まえ、慣用表現ネットワークを作成すると以下のようになります。

■　否定するときの慣用表現ネットワーク

① きっぱりと否定する

I disagree.（反対です。）
No, I don't agree.
（いえ、賛成できません。）
I have an objection.
（反論があります。）

② やんわりと否定する

You could say that, but ...
（そうともいえるけど）
I agree with you up to a point, but ...
（あるところまでは賛成だけど）
Well, I see what you mean, but ...
（うーん、君の言いたいことはわかるけど）

否定する

③ 論外だと感情的に否定する

That's out of the question.
（それは論外だ。）
That's impossible.
（そんなのありえない。）
You're out of your mind!
（正気じゃないよ。）

④ 相手の意見を質す

I think you're mistaken.
（君は間違っていると思うよ。）
The fact of the matter is ...
（実際問題としては。）
May I just mention that ...?
（ちょっと一言言いたいのですが）

次の事例として、何かを述べる際に、一言前置きをする際の慣用表現を見ていきます。

■ 一言前置きをする際の慣用表現

　何かを言う際にいきなり本論に入るというより、**自分の気持ちや態度を前置き**することがよくあります。たとえば「子どもは大人より外国語を学ぶのがうまい」と言いたいとします。英語では Children are better than adults in learning a foreign language. となるでしょう。これをそのまま表現するのではなく、「一般論としては」だとか「言うまでもなく」などといった前置きをすると以下のようになります。

　　Generally speaking, children are better than adults in learning a
　　foreign language.
　　Needless to say, children are better than adults in learning a foreign
　　language.

言いたいことは同じですが、generally speaking（一般論としては）と needless to say（言うまでもなく）のいずれを選ぶかで、相手の応答も変わってくるはずです。

　前置きの表現をタイプで分けると、以下のネットワークのように、①発話に向かう態度を示す、②話題の幅・表現の正確さを示す、③内容に対して感情的反応を示す、④内容についての話者の確信の度合いを示すの４種類に分かれます。

■ 前置きを述べるための慣用表現ネットワーク

① 発話に向かう態度を示す

honestly speaking（正直言うと）
frankly（率直に言えば）
to tell the truth
（本当のことを言えば）
ironically（皮肉なことに）
metaphorically speaking
（比喩的な言い方をすれば）
all jokes aside（冗談はさておき）
seriously, though（真面目な話）
off the cuff（思いつきだけど）

② 話題の幅・表現の正確さを示す

generally speaking
（一般的な言い方をすれば）
in general（一般的に）
strictly speaking（厳密に言うと）
specifically（具体的には）
loosely speaking
（大まかな言い方をすれば）
roughly speaking
（あらっぽい言い方をすれば）
linguistically（言語学的に言えば）
to be more exact（もっと正確には）
technically speaking
（やかましく言えば）
internationally（国際的には）
between you and me
（ここだけの話ですが）

ひとこと
前置き

③ 内容に対しての
感情的反応を示す

to my surprise（驚いたことに）
to my disappointment（残念なことに）
unfortunately（残念なことに）
sadly（悲しいことに）
gladly（うれしいことに）
fortunately（幸運なことに）
luckily（運のいいことに）
interestingly（興味深いことに）

④ 内容についての話者の
確信の度合いを示す

certainly（確かに）
obviously（明らかに）
apparently（どうみても）
clearly（はっきりしているのは）
needless to say（言うまでもなく）
no doubt（疑いなく）
of course（もちろん）
probably（おそらく）
maybe（たぶん、なんとなく）

■ 発話に向かう態度

「発話に向かう態度を示す」表現は、honestly のように形容詞に -ly をつける副詞が多く使われますが、to be honest with you（君には正直に言うと）のような表現も多用されます。また、frankly は frankly speaking ともいいます。これから話すことに際しての発話態度を示すということで共通しています。通常は、「誠実に、そして率直に話す」というのが基本ですが、ironically speaking（皮肉な言い方をすれば）とか metaphorically speaking（比喩的に言えば）いうこともあります。

> Frankly (speaking), our boss has the human touch.
> （率直に言って、僕らの上司は人間味があるね。）
> Ironically (speaking), the rich people always want to be richer, and they're never satisfied with what they possess.
> （皮肉な言い方をすれば、金持ちの人はいつももっと金持ちになりたいと考え、持っているものに満足することは決してない。）

皮肉な言い方であると述べ立てることで、これから述べる内容に対して、発話者の態度を示しているといえます。決まり表現としては、Let me call a spade a spade.（はっきり言わせてもらいます）や I'm not joking.（冗談ではないよ）も「発話態度を表現する」慣用表現と考えることができます。相手がこちらのはっきりしない発話態度に不満をもてば、Give it to me straight.（ずばり言って）だとか Don't beat around the bush.（回りくどい言い方はやめて）と指摘されるでしょう。

■ 話題の幅を設定する

「話題の幅」を設定することで、これから話す内容の適用範囲をあらかじめ述べてから、内容に入るという場合があります。That's an interesting finding.（それは興味深い知見だ）だと「興味深い」が及ぶ範囲が設定されません（なお、finding は「研究などの結果得られた知見」

を表すのに使います）。ところが、Linguistically, that's an interesting finding. （言語学的には、それは興味深い知見だ）といえば、「言語学という分野において」と範囲を示すことになります。Internationally, that's an interesting finding. だと「国際的に、それは興味深い知見だ」ということです。もちろん、in the field of linguistics [physics, chemistry] （言語学 [物理学、化学] の分野で）のような表現の仕方も可能です。以下の文頭の表現も話題の幅を設定する働きをします。

Just between you and me, it looks like they're going to divorce.
（ここだけの話だけど、どうやら彼らは離婚するらしい。）
A whale lives in the sea. But technically speaking, it's a mammal.
（鯨は海に住んでいる。しかし、厳密には、鯨は哺乳動物だ。）
Generally speaking, Japanese people aren't very outspoken.
（概して、日本人はあまりおしゃべりではない。）

　会話場面でも Why do you come to the office so early? と聞かれて、「概して（たいていは）、朝のほうがあまり混んでないので」と言いたければ Generally speaking, the train is less crowded earlier in the morning. と表現することができます。

■ 内容に対しての感情的反応を示す

　これから述べる内容に対して**感情的な反応を示したうえでその内容を述べる**ということもよく見られます。「驚いたことに、彼は仕事を辞めて、アフリカに行っちゃったよ」だと以下のようになります。

Surprisingly, he quit his job and left for Africa.
To my surprise, he quit his job and left for Africa.

この to one's surprise は、以下のような応用もあります。

To her pleasant surprise, Bob aired out the bedding before going to his office.

（彼女には嬉しい驚きなんだけど、ボブは会社に行く前に布団を干してくれた。）

Much to my surprise, she married Jim, not Bob, and one year later, she got divorced and remarried Bob.

（すごく驚いたんだけど、彼女はボブじゃなくて、ジムと結婚したの。でも一年後には、離婚して、ボブと再婚したのよ。）

「とっても嬉しい驚きなんだけど」と強調したいときには to my very pleasant surprise と表現することもできます。「私にとってはとても大きい驚きであり喜びだが」だと to my great surprise and pleasure と応用することもできます。

　もちろん、surprise の代わりに disappointment にすれば「失望」のありようを表現することができます。「失望」や「落胆」を表すときは、以下のような慣用表現を使うことができます。

　　much to one's disappointment（大変残念なことだが）
　　to one's dismay（落胆したことに）
　　to one's regret（残念なことだが）

そこで「大変残念なことに、課長は僕のアイディアを気に入ってくれなかった」は Much to my disappointment, the manager didn't like my idea. となります。同じような気持ちは、I'm disappointed with the manager's reaction to my idea.（僕のアイディアに対する課長の反応にはがっかりした）のように表現することもできます。

■ 確信の度合いを示す

　何かを述べる際に、「確かさ」の度合いをはっきりさせることがよく

あります。たとえば「明らかに、岡田氏は人事を決めるに当たってミスを犯した」を英語で言う場合 Obviously, Mr. Okada made a mistake in his personnel decision. のように、obviously や clearly を文頭にもってくるでしょう。「これから述べることは明白なことだ」という思いを表すのが、obviously です。

　確信の度合いを示しながら、何かを言うという状況では、慣用表現も豊かです。以下にその例を示します。まず、「確かに」に当たる表現です。

　　Apparently, he was disappointed with the answer he received from Naomi.
　　（どうみても、彼はナオミの回答に失望していた。）
　　I'm confident that I'll be able to make a good presentation.
　　（自信があるよ。よいプレゼンができるだろうということに対しては。）
　　I'm positive this product will be a big seller.
　　（絶対に、この商品は大ヒットするだろう。）
　　Certainly, this training program is hard and challenging.
　　（確かに、この訓練のプログラムはキツイし、やりがいがある。）

certainly や apparently は It is certain [apparent] that .... で言い換えることができますが、表現としては、話し手の確信というよりも「内容の確かさ」に重点が置かれます。

　　It is certain that ...　　（（客観的にみて）確かに～だ）
　　It is probable that ...　　（～は（多分に）ありそうだ）
　　It is possible that ...　　（（可能性としては）～はありうる）

「生産コストが上がることはありうる」だと It is possible that production costs will increase. となります。
　「確信の度合いが低い」あるいは「自分の確信に疑いがある」場合の

表現は以下が典型的です。

> I'm not sure he will attend the party tomorrow.
> （どうかなあ、彼、明日のパーティーに来るかな。）
> Possibly (Maybe), he'll refuse to receive the award.
> （もしかしたら、彼はその賞を受け取ることを断るかもね。）
> I'm skeptical about their sales forecast for the next quarter.
> （次の四半期の販売予測には懐疑的だな。）

■ 発話に対して態度を示して話す訓練

　では、ここで、「これから言うことに対して、話し手の態度を示して話す訓練をする状況」を想定しましょう。

　最初に、日本語で状況を説明しています。そのうえでこの状況を英語で表現したいとします。

　ここで紹介した前置きの慣用表現を使って、英語にしてみましょう。正解は1つとは限りません。

　状況1　高級服についたシミが取れないとクリーニング屋に言われ、「本当にがっかりしたんだけど、このシミは取れないんだって」と友人に伝える状況

　（　　　　　　　　　　　　　） they can't take this stain out.

　状況2：What do you usually do on the weekend?（週末はいつも何しているの？）と聞かれて、「たいていは、土曜日は家事をして、日曜日には友達に会っている」と応答する状況

　（　　　　　　　　　） I do housework on Saturday and meet friends on Sunday.

　状況3　ナオミからのメールに応じないでいると「何で返事をして

あげないの？」と聞かれ、「はっきりいって、もうナオミのことを好きじゃないんだ」と応じる状況

(　　　　　　　　　　) I don't love Naomi any more.

状況4　Did you lose something?（何かなくしたの？）と聞かれ、「私のスマホが見つからないの。絶対にここにあったんだけど」と応じる状況

I can't find my smart phone, but (　　　　　　　) it was here.

解答例
状況1：to my great disappointment, much to my disappointment；状況2：generally speaking；状況3：Frankly speaking, Frankly, To be honest with you；状況4：I'm sure, I'm positive, I'm confident

　次に、最後の事例として取り上げるのは、**会話における話題の調整**です。ここでも慣用表現の使われ方に注目してみましょう。

■ 話題を調整する際の慣用表現
　私たちが真の英会話力を身につけるのにはいったい何が必要でしょうか？　ただ漠然と英会話ができるようになりたいといっても、そのターゲットは実ははっきりしていないことが多いのです。本当の意味での会話力を育てるには、**会話の流れを作り、流れに乗り、そして流れを変える**という具合に、積極的に会話の流れを調整していく力を身につける必要があります。一方的に相手の主導権にまかせるのではなく、こちらも対等の立場で会話の流れを調整するということです。もっとも、英語に自信がない人はすぐにそんなの無理だと考えるでしょう。

　しかし、会話の相手は、あなたの英語にではなく、あなた自身に関心があるのです。そこで、会話にちゃんと向き合うには、英語力があるなしにかかわらず、積極的に会話を調整していくことが求められます。こ

れを英語教育の分野では「会話管理能力」だとか「コミュニケーションの方略」と呼びます。

　会話の流れを調整するといってもその基本は英語を使って行うのであり、まずは、そのための慣用表現を覚えることが肝要です。そこで、ここでは、「話題を調整する」ということに注目し、そのための慣用表現を紹介していきます。

■ 話題を導入する

　話題を導入するという行為は、会話の流れを作るうえで不可欠です。何か新しい話題を導入する際に、日本語だと「知っている？」「こんなことがあったんだよ」と一言いってから会話をはじめることがよくありますが、英語でも次のような表現が使われます。

> I have some good news for you.（よい知らせがあります。）
> Do you know what happened to ...?
> （〜がどうなったか知っている？）
> You'll never guess what happened.
> （（想像できないと思うけど）こんなことがあったんだよ。）
> Guess what?（何があったか当ててごらん。）
> You may not believe this, but...（信じないかもしれないけど）

以下は I have some good news for you. を使った例です。

> A:　I have some good news for you. It looks like the board is going to accept your proposal.
> 　　（いい知らせだよ。どうやら役員会は君のプロポーザルを受け入れるらしいよ。）
> B:　That's great. When do you think they'll let me know their decision?

（それはすごいや。何時ごろ結論を教えてくれると思う？）

「信じられないかもしれないけど、宝くじに当たったんだ」だと、You may not believe this, but I won the lottery. と、You may not believe this, but ... を使うでしょう。いきなり I won the lottery. というより、You may not believe this, but ... が前にくることで自然な感じがします。

もちろん、まず相手の注意を喚起してから話題を導入することもよく見られます。その場合、Listen! と Look! がよく使われます。それ以外にも Well..., You see..., So ... などの表現を使うことができます。日本語でいえば、「ねえ」「えーと」「あのー」「で」に近い感覚の表現ですね。以下はその例です。

You see, I have some good news for you.
（ねえ、いい知らせがあるんだ。）
Well, this is kind of short notice, but is it possible to transfer to the Madrid office?
（えーと、ちょっと急な話なんだけど、マドリッドの支社に転勤してもらえないかな。）

何かがひらめいて、そのアイディアを話題として導入するという場合には、次のような慣用表現が便利です。

Hey, I've got an idea. （ねえ、いい考え思いついたよ。）
I just thought of something. （ちょっと思ったんだけど。）
What do you think of this idea? （これってどう思う？）

相手に何かについて尋ねられ、自分の考えを導入する際の言葉というものもあります。日本語でいえば、「こんなのどうでしょう」といってから、内容に入るというやり方です。しばらく考えて、ある考えを導入

する場合の英語の切り出し表現には、OK, how does this sound?（これはどうですか）がありますが、他にも以下のような表現を使うことができます。

I don't know, but one possible idea would be ...
（よくわからないけど、1つ可能性があるのは…かな）
I know what we can do.（こうしたらいいんじゃない。）
I'll tell you what.（じゃあ、こんなのどうでしょう。）

　一例を見てみましょう。最近の読者の小説離れに危機感を覚えている出版社が何か打開策はないかと議論しているところで、著者と読者が出会い、互いの関係を深めるというのはどうだろうと提案する場面です。

I don't know, but one possible idea would be that we have an event in July to deepen the relationship with our authors and readers.
（どうかわからないけど、1つの可能性としては、著者と読者の関係を深めるイベントを7月に開催するというのはどうだろう。）

■ 話題の変更

　ある話題が導入されれば、しばらくはその話題に関するやりとりが続くはずです。しかし、日常会話では話題の変更や脱線がしょっちゅう起こります。ある話題について徹底的に話すというよりも、むしろ思いつくまま話題を展開させていくのが日常会話です。その場合、いきなり話題を変えてもルール違反ではありませんが、**「戦略的な会話の流れの調整」**ということからいえば、「話題を変更するよ」という言語によるシグナルを送る訓練をしておくといいです。途中で話題を変更したり、脱線したりする際の慣用表現には以下が含まれます。

Oh, by the way...（ああ、ところで）

Incidentally ...（ちなみに）

To get off the subject a moment, ...（ちょっと話題は逸れるけど）

That reminds me of something.（それで思い出したことがある。）

Do you mind if I change the subject'?

（話題を変えてもかまいませんか。）

これらの表現を使ったいくつか文例を以下に挙げておきます。

Oh, by the way, did you call her?

（ああ、ところで、彼女には電話した？）

Incidentally, all four of them will take an entrance examination this Friday.

（ちなみに、彼ら4人はみんな今度の金曜日に入試を受けることになっている。）

To get off the subject a moment, who are going to take care of your mother?

（ちょっと話題は逸れるけど、誰がお母さんの面倒を見るの？）

　話題を変更したあとで、元の話題に戻したいことがあるでしょう。いわゆる「軌道修正」ですが、そのための慣用表現の典型としては次が含まれます。

To return to our main topic, ...（話題を戻すと〜）

Anyway ...（いずれにせよ〜）

In any case ...（ともかく〜）

All jokes aside ...（冗談はさておき〜）

Seriously, though, ...（真面目な話〜）

Let's get back to ...（〜に話を戻しましょう）

以下はその使用例です。

Anyway, you don't need to be so worried about him.
（いずれにせよ、彼のことはそんなに心配することはないよ。）
In any case, you should tell him the truth.
（ともかく、彼には真実を伝えるほうがよい。）
All jokes aside, we have to prepare for a potential threat.
（冗談はさておき、僕らは起こりうる危険に備えなければならない。）
Seriously, though, it is really helpful that he came back to our team.
（真面目な話、彼が我がチームに戻ってくれたら本当に助かる。）

「何を話していましたっけ?」は、以下のように、そのまま What were we talking about? ですが、Where was I? ともいいます。

What were we talking about? Oh, yes, we were talking about biodiversity.
（何を話していたんでしたっけ?そうそう、話していたのは生物多様性についてでしたね。）

■ 話題の変更を望まない

会話では通常、話題はどんどん変わっていくものです。しかし、特にミーティングなどでは話題がコロコロ変わるのは望ましくありません。そこで「話題を変えないで」だとか「話題から逸れないようにしましょう」と表現すること、議論の流れを調整することがあります。その場合に、有用な表現は以下の通りです。

Please don't change the subject.
（話題を変えないでください。）
Before we begin talking about that, let's finish the discussion at hand.

（それについて話す前に、今の議論を済ませましょう。）

Let's not get off the subject.

（話題から離れないようお願いします。）

Would you mind staying with the subject?

（もう少しこの話題で議論してかまいませんか。）

I don't want to change the subject.

（話題を変えたくありません。）

自分が話していて割り込まれたときなど「最後まで聞いてください」と言いたいことがよくあります。その場合の表現は Hear me out, please. です。

■ 話題の回避

　英語に自信がなく、難しそうな話題になったときにどうするでしょうか。ある調査によれば、日本人学習者の場合、話題そのものを回避する人が少なくないようです。確かに、個人的に好ましくない話題だと考えれば、それを回避したくなるものです。これは正当な回避です。しかし、問題はその回避の仕方です。特に、英語でのやりとりの場合だと、黙ったままで、苦笑いをしたり、はっきり反応しないというケースが見られます。相手は、無視されたと考えるかもしれません。**回避の仕方の中でも、暗黙の回避は誤解の元**です。そこで、話題を避けたいときには、その意図を明確に言語で表現することが大事です。

I'd rather not talk about it.

（それについては話したくありません。）

Let's not talk about that.

（それについて話すのはやめましょう。）

Let's not go into that.

（その話題に入るのはよしましょう。）

Let's not bring that up.
（そのことは持ち出さないようにしましょう。）
I don't feel like talking about that.
（そのことは話したくありません。）
Let's talk about something else.
（何か別のことを話しましょう。）
Can we change the subject to a more pleasant one?
（もっと楽しい話題にしませんか。）

こういう表現を使うことができるかどうか、それが会話の流れを調整するうえでは肝心です。
　最後に、話題を調整するための慣用表現ネットワークをまとめておきます。こういった表現を駆使して、会話の流れを自ら調整するできるよう、指導してください。

■ 話題を調整するための慣用表現のネットワーク

① 話題を導入する口火を切る

I have some good news for you.
Do you know what happened to ...?
You'll never guess what happened.

⑤ 元の話題に戻す

To return to our main topic, ...
Anyway ...
All jokes aside ...

② 何かひらめいて話題を開示する

Hey, I've got an idea.
I just thought of something.
What do you think of this idea?

（ 話題の調整 ）

⑥ 話題の変更を望まない

Please don't change the subject.
Let's not get off the subject.
I don't want to change the
subject.

③ 提案を求められ暫く考えた後
でアイディアを述べる

I don't know, but one possible
idea would be ...
I know what we can do.
I'll tell you what.

⑦ 話題の回避

I'd rather not talk about it.
Let's not talk about that.
Let's not go into that.

④ 途中で話題を変更したり、
脱線する

Oh, by the way ...
Incidentally ...
To get off the subject a moment,
...

Chapter 11

まとまった内容を発表する力を鍛える

　生徒が英語を真に使えるようにすること、これは英語教育の教科目標ですが、現段階で、この目標は達成されているとは言えません。では、どうすればいいでしょうか。これは教師一人ひとりが取り組むべき、難しい問題です。本章では、現状を変えていく方向性として、2つのことを述べていきたいと思います。

　その1つは、教科書を理解し、問題集を解くという学習スタイルではなく、今もっている英語がどんなに小さなものでも、それを使って表現するという態度をもつというものです。つまり、生徒は「学習者」であると同時に「表現者」にならなければならないということです。そしてもう1つは、タスクを意識するということ、すなわち、英語でタスクを行うという意識をもつことで、本来のスピーキング指導につながるという可能性です。

■ 表現者になる

　英語が話せるようになるには、自分の英語で表現しようとする態度をもち、それを実践することが肝心です。多くの生徒は、知らず知らずのうちに、テストで高得点をとることに関心が向かい、そのために、教科書や問題集を「目と頭」を使って学習しようとします。問題を解き、テストで高得点をとることができる生徒が「英語ができる生徒」とみなされてしまうのです。しかも、そういった生徒は、他の生徒たちからはも

ちろんのこと、親や教師からも「英語ができる」といわれるだけでなく、自分でも「英語は得意科目」と自覚していることが多いように思われます。もちろん、これはこれで必ずしも悪いわけではなく、むしろすばらしいことともいえます。

しかし、テストではよい成績を収めることができるものの、いざ英語を話そうとすれば、思うように話せないという状況に直面したときに、それは問題となります。つまり、真に使える英語力が身についていないがため、得意なはずの英語が使えないということが現に起こるのです。生きた言語として英語を使おうとすると、問題解きのテクニックは実はあまり役に立たないのです。

実際、大学生に聞いても、「学校で勉強した英語は受験には役立ったけど、本当の英語を学ぶには英会話学校に行かなければならない」と考えている人が少なくありません。それでも、多くの学生は「学校で学んだ英語はそれなりに意味があった」と納得しています。しかし、こうした状況を続けることが「学校英語教育」において健全なことでしょうか。答えは否です。学習指導要領では、英語教育の目標として、「英語が使えるようになること」を一貫して主張しています。

新学習指導要領には、外国語（中学校）については、目標として「コミュニケーションを図る資質・能力を次の通り育成することを目指す」とあり、「外国語（英語）の音声や語彙、表現、文法、言語の働きなどを理解するとともに、これらの知識を、聞くこと、読むこと、話すこと、書くことによる実際のコミュニケーションにおいて活用できる技能を身につけるようにする」と続きます。「音声や語彙、表現、文法、言語の働き」の部分が英語の言語リソースに相当します。一方、「聞くこと、読むこと、話すこと、書くこと」の部分は表現モードに当たります。そして「実際のコミュニケーションにおいて活用できる技能を身につける」の部分は、「英語で何ができるか」という目標を捉えた表現だといえるでしょう。

結論を言ってしまえば、この目標を達成するためには **learning by doing**

を実践するしかありません。つまり、"learn English *for* communication"ではなく、"learn English *through* communication" の実践です。すなわち、活動の中で、活動を通して英語力を身につけるということで、それを支える「コミュニケーションを図る態度」も育つということです。

　この「コミュニケーションを図る態度」は、英語でいうと "willingness to communicate" ということになるでしょう。この willingness to communicate は実際に英語を使う活動（doing）によって醸成され、活動を通して "be able to communicate" という能力が身につくのです。そして、実際のコミュニケーション活動を通して、「コミュニケーションしたいという気持ち」はさらに高まり、好循環が生まれるというわけです。

　しかし、この好循環を実際のものにするためには、生徒も教師も学習態度・教育態度を大きく変える必要があります。つまり、活動の中の英語を実践するには、**生徒は「学習者」としての役割だけでなく、同時に「表現者」になる必要**があるのです。「いつか、どこかで、誰かと英語を使う」という「学習者（learner）」の態度ではなく、「今、まさにここで、あなたと英語を使う」という「表現者（user）」の態度をもつということです。どんなに小さな英語でも、それを我が身に引き受けて、思いを表現するということです。そして、教師も、生徒一人ひとりが自分事（パーソナルなこと）として英語を学び、**一人ひとりの中に息づく英語（「マイ英語」）を育てるという自覚をもつように指導する**ことが大切なのです。

　これは教科書や問題集を使って英語を学んできた従来の学習スタイルからみれば大転換であるし、教師自身も相当の覚悟をもって教育実践の在り方を変えるということが求められることになります。従来の指導方法から「活動の中で英語を教える」に転換することは、多くの教師、そして生徒にとって未踏の地に足を踏み入れることでもあります。

■ タスクを意識する

　ほとんどの生徒は、英語の勉強というと、「教科書」「辞書」「単語帳」

「文法参考書」「問題集」「テスト」などを連想する傾向があります。その連想に、自分の中に息づく英語、マイ英語を育てるという考え方は含まれていません。これでは、いくら勉強しても「英語が使えるようになる」という実感は、感じられないでしょう。必要なのは、**いろいろなことを英語でこなすことができるという「実感」**をもつことです。

　英語で何ができるかを記述したものに can-do リストがあります。これは、英語を使うということを前提にした行動評価であり、それ自体重要なものです。しかし、「can-do」は「身につけたい力」を表現する概念ではありません。それは何ができるかを確認する「チェックリスト」です。そこで、チェックリストを統合するような形で身につけたい力を表す概念が必要となるわけですが、ここでは**「タスクハンドリング(の)力」という用語を提案**します。生徒が、「自分のタスクハンドリングの力はまだ弱い」などと口にするようになれば、しめたものです。それだけ、タスクに関心が向いた証左だからです。

　タスクハンドリング力は、さまざまなタスクを英語で行う力のことをいいます。それはスピーキングとかリーディングといった表現モードを使って行われる力です。表現モード別に見ると、タスクにはスピーキングタスク、ライティングタスク、リスニングタスク、リーディングタスクがあり、またそれらを総合化した、マルチモーダルタスクがあります。

The CEFR (Common European Framework of Reference for Languages の略で、直訳すれば「ヨーロッパ言語共通参照枠」。すべての言語に共通して使用できる評価基準を示しているもの) に倣って、Production, Interaction, Reception の3本の柱を立て、① spoken production, ② spoken interaction, ③ spoken reception [listening comprehension]、④ written production, ⑤ written interaction, ⑥ written reception [reading comprehension] の6つのタスクタイプを考えることもできます (ここでは the CEFR の Mediation という概念は考慮しません)。

	Spoken	Written
Production	①	④
Interaction	②	⑤
Reception	③	⑥

　私たちは、生徒のスピーキングが強いとか弱いという言い方をします。しかし、「スピーキング」という言い方には**目的が感じられません**。ところが、「スピーキングタスク」という言い方に変えることで、状況は一変します。「タスク」には具体的な内容があり、それを達成するという目的がはっきりしてくるからです。たとえば「自分の飼っているペットがいかに可愛いかを口頭で述べる」というのは具体的なスピーキングタスクです。つまり、**スピーキングの目的がタスクによって決まる**ということです。

　リスニングにしても同じで、ただ漠然と「リスニング」という用語を使うのではなく、たとえば、ラジオで VOA のニュースを聞き、内容を英語で友人に伝えるという「リスニングタスク」を想定することで、リスニング行為の内容が定まり、目的が生まれます。「ニュースの英語を情報収集のため日常の一環として聴く」という場合と、「模擬テストでニュース英語を聴き、設問に答える」という場合とでは、具体的に求められるタスク内容が異なるはずです。

　中学生のときから、**タスクハンドリングの力を育てることを意識した授業創りをするかどうか**、このことが英語教育の成果に決定的に重要な影響を与えると私たちは考えています。これこれしかじかのタスクを英語でハンドリングできるようにすると明示的な目的を示すことで、スピーキング活動に意味が生まれるのです。「英語が話せるようになりたい」という生徒の希望は、「タスクハンドリング力を高める」ということを自覚することで初めて達成できるのであるといってもいいでしょう。英語が話せるという漠然とした思いではなく、これこれしかじかのタスクを英語で行えることが大切なのです。

これはテストについてもいえます。「スピーキング・テスト」という用語からは「目的」が連想されません。「スピーキングタスク・テスト」と「タスク」を加えるだけで、関心はタスクの内容に向かうはずです。「スピーキング・テスト」といえば、「正しい発音」や「適切な語句の選択」や「文法的な正しさ」に関心が向かってしまいます。一方、「スピーキングタスク・テスト」になると、タスクがどれだけ達成されているかという**タスク・アチーブメントに関心が向かうようになるはずです。**

■ プロダクション力を鍛えるための方法：Navigator in Speaking

さて、英語教育の最大の関心は、「まとまった内容のことを英語で自然に話す力」の養成をどのようにして行えばよいか、に集約されつつあります。これは、上記の Spoken Production に相当します。まとまった内容のことを英語で話す力は、真の英語力という観点からみても重要ですが、IELTS、TOEFL、英検などの外部試験でも Spoken Production の力が求められています。

お決まりのやりとり程度であればなんとかなるが、何かをちゃんと英語で説明するという場面に直面すると、「そんなの無理」と課題を放棄してしまう学習者がいることは容易に想像ができます。そして、先生方もまとまった内容のことを英語で話せるよう指導することは、難しい課題であると考えています。日本語であれば、造作ないことでも、英語で何かを表現するとなると、慌ててしまい、何をどう表現してよいかわからなくなるからです。しかし、話し方のコツを知っていたらどうでしょうか。ここでは、話し方の指導として **Navigator in Speaking (NIS) と**いう**コツ（方法）**を紹介していきます。

■ ストックとフロー

英語の「駒（単語や慣用表現など）」がなければ何も話すことができないことは、自明なことです。そこで、単語や熟語や文法を懸命に覚えようとします。これは、ストック（蓄積）としての英語の学習です。し

かし、この学習方法だけでは、ストックは増えても、実際には使えないということが起こります。そこで、ここで注目したいのは、**英語表現の流れ（フロー）**です。

　あることを言語で表現するやり方は、人々の行動の仕方のように、予測可能なものが多くあります。たとえば、交渉場面では、ある提案が行われ、それが合意されれば交渉は成立しますが、提案に対して対立点があれば、分析・比較・評価などの相互調整が図られ、再提案が行われ、そして合意を得て、交渉は成立するという流れになります。これは「行動のスクリプト」と呼ばれるもので、人は経験により内在化したスクリプトによって行動しているといわれます。何かを話す話し方にも、知らず知らずのうちに身につけた「話し方のスクリプト」というものがあるように思います。NISはこうした発想の中で生まれたアイディアです。

■ NISの具体的な仕組みと内容

　最近の車にはナビゲーション・システム（カーナビ）が装備されています。目的地を設定すれば、そこに誘導してくれるものです。Navigator in Speakingという表現も「話の流れを誘導する何か」という意味で使います。これに近い表現に「テンプレート」という言い方もありますが、テンプレートは、表現のための「型」を示すものであり、その型の中に表現を嵌めていくという意味合いが強い用語です。一方、ここでいうナビゲーターは、表現行為を緩やかに誘導するものであり、テンプレートより動的で、情報配列の順序などの自由度が高いという特徴があります。

　日常会話においても、ひとりでまとまった内容のことを話す場面が多々あります。上述した通り、The CEFRではsustained monologueという概念が使われ、「何であるかを説明する、意見を述べる、起こったことを時系列に沿って述べる」といった場面などが想定されています。

　自覚しているかどうかは別として、話し方のスクリプト（ナビゲーター）のようなものを身につけ、それを使って表現していることが多いというのがここでの前提です。NISは、そういう**無意識に身につけて**

いる話し方を明示化し、それを学習・指導の対象にするというものです。以下、具体例をいくつか見ていきます。

■ 人物描写
　たとえば、ある人物の描写をするというタスクがあるとします。教師でも友人でも家族でも誰かを頭に浮かべてその人について述べるように言われたとします。日本語であれば臨機応変に人物の描写をするでしょうが、英語になると、戸惑ってしまいます。そこで、以下のように、NIS を明示化し、それに沿って表現を行うとやりやすさが増すはずです。

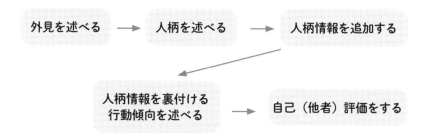

　あなたの友人のジェームスさんについて「どんな人ですか」と質問された場合、NIS に従って、たとえば、次のように人物描写を行うでしょう。なお、英語では、外見を問う場合は、What does James look like? と質問し、人柄を問う場合は、What is James like? と質問しますが、ここでは、両者を一緒に扱います。

　　外見：Well, he is tall and handsome.
　　人柄：He is friendly, sociable, and outgoing.
　　人柄の追加情報：He is also considerate of others.
　　行動傾向：I mean, he is the kind of person who will give his seat to
　　　　　　　someone even when he is very tired.
　　自己評価：He's a nice guy. I like him a lot.

ここで、いくつかの点に注目してみましょう。まず、「Aはどんな人か」について語るというタスクが与えられた場合、外見、人柄、行動傾向、評価といった観点に注目した描写を行うということ。これは、ナビゲーターに沿った人物描写ということです。

次に、well, I mean という言葉に注目してみると、口頭で、そして即興で何かを語る際には、ナビゲーターに沿って表現するといっても、話しながら情報を整理する必要があるため、言い淀み、言い直し、繰り返しなどの軌道修正が自然に行われるということがわかります。**こういう軌道修正を行うことを「リペア（repair）」と呼びます。**即興でまとまった内容のことを話そうとすると、いくらナビゲーターがあっても、「立て板に水」のように表現は紡ぎ出されないということです。

さらに、人物描写を行うためには、それなりに単語や表現などのコマが必要ということです。上の例でいえば、外見を語るには tall とか handsome という単語を知らなければいけません。人柄についても、friendly, sociable, outgoing, considerate という単語を知っておく必要があります。さらに、行動傾向を描写する表現方法として He is the kind of person who ... のような言い回しも必要になります。これらの単語や表現のことを Language Resources（LR: 言語資源）といいます。

これらの3点を考慮した形で、Navigator in Production（NIP）をモデルとして示しておくと、以下のようになります。

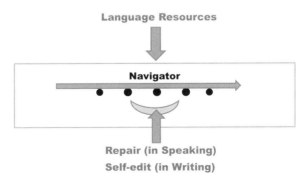

Navigator in Production（NIP）モデル

なお、上述の通り、口頭では、軌道修正（リペア）をしながらナビゲーターを利用して表現するのが自然です。リペアのための慣用表現としては以下のようなものが含まれます。

何かを述べる前に一言、切り出しのコトバを使う

Well, ...

Let me see ...

Well, actually, ...

I don't know how to explain, but ...

Generally speaking, ...

Roughly speaking, ...

Technically speaking, ...

To my surprise, ...

言いたいことを途中でうまくまとめる

Well, I mean ...

The thing is ...

The point is ...

The bottom line is ...

What matters is ...

Well, let me put it this way.

In other words, ...

What I'm saying is ...

　一方、文章で何かを表現する際には、同様のナビゲーターを使いますが、そこでは自己編集力（self-editing competence）が求められます。文章であるがゆえに、必要に応じて、自己編集（セルフ・エディット）を行うことで、文章を整えることができるということです。

■ 眼前にある日本固有の何かを説明

　今度は、お互いに見ることができる日本固有のものに言及して、それを説明する場合の NIS を見てみましょう。このナビゲーターは What is this? とか What is that? という質問の回答に対応するものです。

呼称 何と呼ばれているものなのか	**換言** 英語で言えば何にあたるのか
This is/ It is called ...	It roughly means ...
種類 それは何の一種か	**特徴** 用途・素材・目的など
It's just like/It's a type of	It's made of ... /It is very ...
慣習・傾向	
Traditionally/ Usually	

たとえば、外国から来た友人が食堂で、他のお客たちが食べている「ちゃんこ鍋」を指さして、What is that? と聞いたとしましょう。そこで、あなたは、ここに示した NIS を利用して、次のように応えることができるでしょう。

　①「ちゃんこ鍋」と呼ばれる➡②ざっくりいうと、温かい鍋料理➡
　③シチューの一種➡④料理の方法➡⑤スープの基本➡⑥特徴➡
　⑦ふつうは、決まった誰が作るのが習わしである

　①「ちゃんこ鍋」と呼ばれる
　　Well, it's called "chanko-nabe."
　②ざっくりいうと、温かい鍋料理
　　Roughly speaking, "chanko-nabe" is a hot pot dish.

③シチューの一種

　I mean, it is a type of stew.

④料理の方法

　To make chanko-nabe, you can put anything into a pot and simmer it.

⑤スープの基本

　Uh, the basic soup is made from chicken broth with sake and mirin flavoring.

⑥特徴

　It is especially for sumo wrestlers and it is very healthy and nutritious.

⑦伝統的には

　Traditionally, you know, it is cooked by sumo wrestlers in the lower ranks.

　料理の方法では You can put anything into a pot and simmer it. といい、「スープの基本」については、The basic soup is made from chicken broth with sake and mirin flavoring. ぐらい表現できれば最高でしょう。特徴としては、相撲の力士の食べ物であること、そして、下位の力士が作るのが習わしであるということまで言えると文句なしです。ここでのリペア表現には、well, roughly speaking, I mean, you know, uh が含まれます。

■ 眼前にない日本的なものを説明

　手元にないものを「ことば」で説明する場合があります。ここでの代表的な質問は What is it? でしょう。たとえば、What is "mochitsuki"? や What is "ramune"? などといった日本語概念の説明も含まれます。日本語概念を英語で説明する際のナビゲーターとしては以下があります。

上位概念で示す（種類）

⇩

言語の由来

⇩

形状の記述

⇩

素材・構成要素の記述

⇩

機能・目的の記述

　何かを説明するとき、このすべてを使うわけではありませんが、たとえばお祭りの話題で「ラムネ」という表現を使ったとしましょう。それを知らない相手は、What is it? と尋ねました。そこで、あなたは、ここでのナビゲーターの流れに従って、以下のように説明することができるでしょう。

・種類を述べる

　"Ramune" is a type of soft drink in a bottle.

・由来を述べる

　"Ramune" comes from "lemonade."

・形状を記述する

　In the bottle, a small glass ball is placed at the top of the bottle.

・素材・構成要素について述べる

　The bottle is made from glass, or, more recently, plastic.

・用途・目的を述べる

　The small ball is a lid. To drink, push it hard with your thumb into the bottle.

ここでも以下のようなナビゲーターを意識した「なぞり音読」学習を

すると、表現のための構造のようなものを内在化することができるでしょう。

- 種類を述べると
  "Ramune" is a type of soft drink in a bottle.
- 由来を述べると
  "Ramune" comes from "lemonade."
- 形状を記述すると
  In the bottle, a small glass ball is placed at the top of the bottle.
- 素材・構成要素について述べると
  The bottle is made from glass, or, more recently, plastic.
- 用途・目的を述べると
  The small ball is a lid. To drink, push it hard with your thumb into the bottle.

このナビゲーターは事物を描写する際には有用です。と同時に、英語表現についていえば、a type of, come from といった熟語、be placed at, be made from という受動態表現、さらには、to drink のように to 不定詞を使うところに言語リソースとしての文法が生きています。

このように Navigator in Speaking の考え方は、まとまった内容のことを話す際に、**ゆるやかな情報の流れ（flow）を意識し、その方向性を示すことで、表現をしやすくしよう**とするものです。ここでは、日常レベルでまとまった内容のことを話すタスクとして、人物描写、現前のモノ描写、眼前にないモノ描写を事例として NIS を示しましたが、ほかにも問題発見・問題解決、概念説明（定義・例証型）、空間描写（位置関係）、事物報告（レポーティング）、写真・風景描写、体験描写（回想、現在進行）、未来展望型の描写（夢・目標）、読後のコメント、要約、意見陳述、事物批判、などが考えられます。直観的には、われわれは約20種類ぐらいの NIS があれば、その組み合わせによってほぼ日常的な

ことは余すところなく語ることができるのではないかと考えています。

　もし、speaking tasks を can-do で記述すれば、その数は無数になりますが、NIS に注目してうまく整理すれば 20 種類くらいのものでその無数の speaking tasks に対応可能になるというのは、実に魅力的な話だと思います。

　最後に繰り返しになりますが、今後、まとまった内容のことを話す指導においては、この「ナビゲーター」という考え方に注目すること、そして、NIS のレパートリーを増やし、それを実践する力を育てるような指導を行っていくことが、着実で有効な方法であると思います。

Chapter 12

英語は音だ

■ ブロークンイングリッシュ

　英語は世界中で使われており、今ではたくさんのいわゆるお国訛りを聞くことができます。ロシア人の英語とアラブ人の英語ではだいぶ聞こえ方が違います。イギリス英語とアメリカ英語でも音調として聴き比べると、相当の違いがあります。韓国人の英語、フィリピン人の英語といった具合に、英語の使用者が世界に広がれば、その分、音の特徴も多様化します。こういう状況を踏まえて、「英語は国際語だからブロークンでいいよ」という論調を耳にすることがあります。

　この「ブロークン（broken）」は標準英語の基準からみて「こわれている」ということですが、どこがブロークンかは一筋縄ではいきません。日本語訛りでしゃべる英語は音韻的にブロークンとみなされます。文法的にでたらめな英語もブロークンです。微妙なところでいえば、表現の選択が基準からは外れているため、ブロークンとみなされることもあるかもしれません。

　面白いことに、この broken という形容詞は英語圏の幼児の英語には決して使われません。なぜでしょうか？ 幼児の英語は発達過程にあると考えられているからだという見解があります。発達過程は学習過程と同義なので、日本人の英語も米国の幼児の英語のように broken というのは不適切な形容詞のはずです。しかし、成人になってしまうと、「適切

な英語を話すものだ」という先入観が強くなり、比較的簡単に broken English というレッテルを貼ってしまいがちです。

　ただ、現実問題としてはレッテル云々というよりも、国際的に通じるかどうかが問題になってきます。以前は、学習対象として英語のモデルとしては、**ネイティブ・スピーカーモデル（native-likeness）が優勢**で、**ネイティブのように話すのが理想的**で、それを目指して学習すべきであると考えられてきました。しかし、最近では、**熟達した英語使用者（proficient user of English）モデルが妥当である**という考え方が強くなり、必ずしもネイティブのような発音を求める傾向は世界的には一般的ではありません。

　しかし、日本では、相変わらず、たとえばアメリカ人の基準で日本人の英語を評価し、基準からのいかなる逸脱も「ブロークン」とみなされる傾向があります。これは、机上の「学問」として英語を勉強してきたため、英語使用の実態が実感を伴う形で十分に理解されていないがためと思われます。たとえば、東南アジアなどの大学では、英語を実際に使う場面が日常化してきており、英語の多様な発音に日々接することが多く、発音上の多様性は当たり前で、むしろ個性の現れとさえ思われています。

　われわれは、英語教育的にみて、理想的な母語話者の発音を想定した場合、**7割から8割の近似値で善しとする**という立場をとっています。もっと正確にいえば、ネイティブらしさを徹底的に追及するのではなく、**通じやすさ（英語では intelligibility という）を高める**ことが英語学習の目標とすべきであるということです。そして、問題は何が通じやすさの鍵となるかということです。

　ネイティブの真似を徹底的にすればよいという考え方もあります。しかし、「ネイティブ」という概念には夥しい多様性が含まれており、「これがネイティブの発音」というものは原理的にあり得ません。実際に、われわれが直面する「ネイティブ」はその多様な発音の1つでしかありません。さらに、上で述べたように、追及すべきは、ネイティブらしさではなく、国際的に通じる英語の音です。

■ 音作り：口作りと口慣れ

　英語の国際語としての位置づけやその多様性についての議論は多く見られます。しかし、「では、どうすればよいか？」ということについては、具体的で有効な提案は行われていないのが実情ではないかと思います。精神論を越えて、実質的に英語運用力を高めるための音声を鍛えるにはどうすればよいのか、ということです。

　われわれは、このことについて、理論と実証の両面から長年取り組んできました。特に、中学生、高校生、大学生への指導に加えて、10年以上に及ぶ社会人を対象とした企業での英語研修を通して「何をすべきか」「どうすべきか」に関する知見を数多く集めてきました。ここでは、その知見に基づいて、**通じやすい英語の音作りを行うのに何をどうすればよいのか**、すなわち、英語の音作りのメソッドの本質部分を紹介したいと思います。

■ どうすればよいのか？

　音声の指導において、専門知識として音声学を学ぶことを勧める人がいます。文科省のコアカリキュラムでも音声学の重要性が改めて強調されています。確かに、音声学は、言語音を扱う専門領域であり、これまでに豊かな知見が蓄えられていることに疑いの余地はありません。言語学の中でもっとも科学的な研究が進んでいるのが広義の音声学だといっても過言ではありません。

　音声学を英語教育の音声指導に応用する際に、よく見られるのは、音素に注目し、最小対立（minimal pair）を徹底的に訓練することで、音を差別化する力（専門的には弁別能力という）を鍛えるというやり方です。pit-bit, right-light, cut-cat のように1つの音（音素）だけを替えた単語をペアで示し、音を聞いてその違いを識別することができるようにしようというやり方です。

　音素の識別だけでは十分ではありません。実際の音の流れ（音の作り方、音の聞こえ方）に関心を移せば、音の短縮、音の省略、音の結合な

どの現象が見られるからです。そこで、音声学の応用として、どういった場合にそのような現象が起こるのかを理解し、それを音声指導に役立てるというやり方が、1950年代のオーディオリンガリズム（audiolingualism）で完成しました。教授法としてのオーディオリンガリズムが衰退したのちも、音声指導の基本としては、同様の音声指導が引き継がれています。

　こうした音声指導の方法は、それなりに有効なものと考えられてきましたが、実際は、それだけで intelligible な音作りができるのかというと疑問が残ります。まず、**英語の音素の数が多く、すべての音の弁別力を鍛えるには途方もない時間と労力を要する**ことになるという問題があります。

　実際、母音の数も子音の数もそれぞれ20を優に超え、その組み合わせとなると途方もない数となってしまいます。専門的には、どの組み合わせが英語では可能で、どの組み合わせが不可かということが明らかになっていますが、それをそのまま英語教育の音の訓練に導入することは現実的ではありません。また、上で指摘したようなミニマル・ペアを使った訓練は、その課題自体に時間がかかるだけでなく、よほどうまくメリハリをつけないと、単調で機械的なものとなり、ひいては、生徒のやる気を削いでしまうという問題が指摘されています。

　われわれは、以上のような点から音声学をそのまま応用すればよいという考え方には留保をつけたいと考えています。というのは、音声学では発音を取り上げる際には、調音（sound articulation）を重視し、個々の音の完成形や音素上の音の違いを徹底的に重視しますが、われわれの考えでは、それが仮にできたとしても、音声的に、英語をうまく話すという行為を保証するものではないからです。

■ 音の聞こえ方

　では、どうすればよいのかという問いに戻りますが、まず、**音の聞こえ方がポイント**になります。英語の母語話者同士の会話を聞いていると、たとえ電車の中で遠く離れていても、声が低音ぎみで響くように聞

こえてくることがあります。一方、私たち日本人の英語は、声が前に出ないで、モゴモゴと口の中で音を作っているような印象を与えてしまいます。このことは何を意味しているのでしょうか。

日本語の発声方法と英語の発声方法は違います。このことをしっかりと理解することが**英語の口作り**の第一歩です。すなわち、音声表現力の土台となる「英語の音を奏でる口作り」をしない限り、日本語的な発声に引きずられて力強い英語の音は出せません。これまで、発声や発音のための「口作り」という発想が英語教育においては、欠けていたように思います。

ただ、「口作り」といえば、音声学の入門書などに必ず書かれている調音のための口腔図を連想する人がいるかもしれません。これは、口の中の舌の位置とか、母音や子音の出る調音部や調音点などが示されている図のことです。この図を使って英語をしゃべる「口作り」がうまくできるでしょうか？答えは否です。口の中は見えないし、図解とコトバで説明されてもわかりにくいし、自然ではありません。

肝心なことは、生徒自身が、実感をもって口作りの仕方がわかるということです。口の中のことは見えないし、意識をそこに向けることも容易ではありません。ことばで「上あごに舌を近づける」といわれてそれがすぐにできる生徒はかなり意識と関心の高い生徒ですが、そのような生徒は少ないでしょう。ましてや、「破擦音」や「軟口蓋」などの音声学で使われる便利な用語などはとても授業では使えません。

しかし、**口の形はどうでしょうか**。顎の張り方などはどうでしょうか。これらは、見ればすぐにわかるし、実際に口をしっかりと動かすことで顎が動きます。これは、口の中の細かい動きに意識を向けるより圧倒的に簡単なことです。具体的には、たとえば、**口をすぼめる、口を角張らせて長方形にする、口を横に引っ張る、顎を張る**、といったことは「音出し」とともに訓練することができるでしょう。

■ 口作りは音慣れと裏腹の関係

口の形と同様に重要なのが音の聞こえ方です。先ほどは、電車の中での英語話者同士の声について述べました。実際の英語音を聞いていてどういう印象かを生徒に述べてもらうと、test の最初の t 音がはじけるように強いけど最後の t はほとんど聞こえないとか、milk などの l が「ウ」に聞こえるとか、Japan の 2 つ目の pa が p も a も力強く響くなどを挙げてくれます。聞こえ方に敏感な生徒は red のような簡単な単語でも、「レッド」よりは「ゥレッド」のように聞こえることに気づきます。

日本語とはまったく異なった英語の母音や子音の聞こえ方に気づくことは大事なことです。さらに、上の Japan の例のように 2 つ以上の音節（Japan は Ja・pan で二音節）がある場合の強弱のつけ方が重要です。Japan の場合には「ジァパーンヌ」のように、最初のところは弱くいって pa のところを**思い切って強く、少し伸ばしぎみに発音する**ことになるわけです。この発音の際に、p 音の呼気（吐く息）が日本語に比べて格段に強いこと、次の母音の a が同じ母音でも最初の a とは比べものにならないくらい強く発音されている、といったところに気づかせたいわけです。

さらに、この英語の強弱としての特徴は、単語から慣用句などに注意を向けていくと、これまた数多くの面白い気づきや発見が出てきます。簡単な例でいえば、I've got to go. は「アヴガッダゴ」に聞こえ、What are you looking for? はどのように聞こえるかといえば、「ワデュ　ルキンファ」のように聞えます。What are の t と a がいわゆる「リエゾン」を起こすと同時に t が母音に挟まれて有声音化する現象が起きているため、「ワダ」になるわけです。

他にも以下を見てください（●は強く発音）。

●　　　●
Bread and butter「ブレッダンバダァ」

172

　　　　●　　　●
I'm writing letters.「アム　ゥライディング　レダァズ」

　　　●
But I can't.「バダイ　キャーントゥ」

　こうした英語をただ綴りだけで見て、自分で発音をして見てください。上で説明したような音を再生できるかといえば、実際は容易ではありません。文字を読む癖が強すぎるため、いわゆる「**音印象（sound image）**」というものを捉えきれないがためです。

　そこで、音声指導で大切なのが、「口の形」と「音の聞こえ方」の両方を重視した方法を使うということです。たとえば、Andy という人の名前があります。これをそのままの綴りで読ませると「アンディー」とそのまま日本語的にカタカナで、しかも平たんに読む生徒がほとんどです。しかし、自然に発音された Andy は、[ændi] のように聞こえます。

　自分の口から出した音が、モデルと比較してみて、微妙に母語話者の発声音とは違うということに気づかせることが大事です。そして、そのうえで、母語話者のこの [æ] を出すためにどうすればいいのか。これがまさに口作りです。数多い英語の母音や子音をただ全部練習するのでなく、英語の**音韻体系の要となる音（これを「アンカー音」と呼びます）を使って徹底的な口作りをする**ことで、英語の口作りをするというわけです。

　そして、その際の指導としては外から見てわかりやすい**口のかっこうに焦点を絞っての指導**と練習に徹するというわけです（詳しいことは次の章で扱います）。

Chapter 13

英語力養成の土台となる
音声表現力指導

■「音声」の重要性

　現在、英語教育の世界では、これまで以上に「音声」の重要性が再認識されかつ叫ばれるようになってきています。英語の習得にはやはり「音」が鍵となるわけで、発声・発音にかかわる「音声表現力指導」が大事だということです。しかし、現状はどうかといえば、音声指導という名目で、例文を数回繰り返し音読する、テキスト本文を音読するということが中心になっているようです。これでは、形式的に声を出しているだけで、その「質的な面」を重要視した「英語の口作り」が意識的に指導されているとはいえません。

　音声に重きを置いた英語力（リスニング力やスピーキング力）を本格的に身につけさせることを英語教育の狙いにするのであれば、その最も大切な土台は、前章で述べたように効果的な「音声表現力」の前提となる「口作り」であるといえます。

　確かに、生徒が英語で話す力を身につけるには、音読が有効といわれます。われわれもこの点については異論をはさむわけではありません。ただ目で黙々と英語を学ぶのではなく、絶えず口を使って学ぶという身体知に重きを置いた英語学習は、英語を話すうえでは不可欠な訓練になるからです。そして、音読はいつでもどこでも一人で気楽にできる訓練であるという利点もあります。生徒の音読活動が日常化してしまえば、

175

自律学習者としての一歩を歩み始めたことにもなります。

　当然のことながら、中学生になると思春期で恥ずかしさなどもあるでしょう。しかし、英語を使えるようにするには恥ずかしさという心理的な壁を乗り越えなければなりません。そのために効果的なのが、音読を日常的に行うことです。しかし、ここで重要なのは、音読を行う際の前提は、あくまでも**生徒の音声的な基盤**がしっかりしているということです。そうでないと、自信をもって音読することができないし、英語力の伸びもあまり期待できません。ただ音読すればよいというものではないのです。

■ 発声のための口作り

　有効な音読のために必要なのは前章でも触れた口作りです。発音の前にまず基本的な発声の仕方が大事で、その口作りの仕方には「コツ」（指導法）があります。ここでそのコツについて少し紹介します。

　基本的には立ち方や呼吸法、そして英語を発音する土台となる「呼気（＝吐く息）」の出し方をある程度の時間をかけて、身体で実感させるような練習を行うことが大切です。これは早い段階（小学校〜中学1年生）から行うことが望ましいといえますが、中学高学年あるいは高校生になってからでも、新学年や新学期の区切りのときなどに、**何のために発声と発音の訓練を行うのかという理由を説明し、納得させた**うえで行うことが効果を生むポイントです。訓練を一方的にやらされるのではなく、なんのために訓練をするのかを理解し、納得したうえで訓練に積極的に取り組むという学習態勢を作ることが大事なのです。そのためには、教師自身が口作り（あるいは口慣れ）の重要性を十分に理解しておくことが必要となります。

　ここでいう発声・発音訓練は文字中心、知識中心でこれまで英語学習をやってきた成人の学習者にも卓効があります。筆者の一人（阿部）は、海外で責任ある立場でプロジェクトを推進することが期待される人材を対象とした企業研修を長らく行ってきています。この企業研修に参加す

る人たちに求められる英語力は、相手国の人たちと対等、あるいはそれ以上の立場でプロジェクトをリードすることができるものでなければなりません。当然、TOEICなどで高得点をもつ受講生も多数参加します。しかし、筆者が必ず義務づけているのが、ここでいう発声訓練です。自分の英語（＝声）で勝負しなければ仕事にならないからです。つまり、口作りは、単に中学生が行う簡単なものであるというものでは決してないということです。大人になって本格的な口作りの訓練（相当キツイ訓練）を行うことで、ほとんどの受講生が自分の英語力に自信をもつことができるようになっています。

　年齢に関係なく音声表現力のための口作りは重要な訓練ですが、中学生あるいは高校生の時期にしっかりと訓練をすれば、それは生涯役立つ力になると、企業研修などを通して痛感しています。

　この音声表現力を身につけさせるには、知識や理屈よりも、自分の発声器官を使っての実際の声出しトレーニングを行うという**「ひと汗かく力仕事」が大切**であり効果的です。

　その場合、上記の通り、まずは最初に必ずやる目的や意図、そして、やればどうなるのかを納得させたうえで、教師自ら教室で生徒にやり方を示して練習させるということを日常化することが必要です。以下では、少し具体的にその方法を説明します。

■ 口慣れには音慣れが

　口作りの訓練を重ねると、自動的に対象となる音を発声することができるようになります。これを「口慣れ」と呼びます。口作りから口慣れをするという過程で、実は、「耳慣れ」あるいは「音慣れ」が大切な役割を果たします。両者は、車に譬えると「両輪」になるのです。

　生徒の側からすれば、「えっ、こんなふうに聞こえたよ」というように、意味や内容でなく「音の聞こえ」を大事にしてそれに慣れさせていくということです。具体例を1つ挙げてみましょう。かつて、筆者の一人（阿部）はある中学校で中1導入期の指導をやったことがあります。

その際に英語の音をリアルに体感してもらうために、いきなり CNN の
ニュースビデオを 15 秒程度、何回か流して、「みんながこれから習う
英語はこんなものだけど、感じたことを何でもいいから挙げてみて」と
伝えました。すると、当然のことながら「英語ってものすごく速い」や
「ぜんぜん意味がわかんないよ」といったコメントが挙がりましたが、
同時に「**英語ってスースーと言っている感じがする**」というのと「日本
人のアナウンサーと違って、英語のアナウンサーの女性は**口の体操を
やっているみたい。ものすごく口が動いている**」といったコメントが生
徒たちから出てきました。

　このコメントを受けて、「いいところに気づいたね。うん、英語って
このスーは s の音で、英語は最初に s のついた単語がとても多いこと
と、吐く息で思い切ってこの s を響かせているんだよ。だから、みんな
もさっそくこれから英語の発声と発音をやるんだから、s 音に注意しよ
う。そして、これからしばらくは s が最初にくる単語に印をつけて単語
をリストし、積極的に 「スースー」とあのアナウンサーのお姉さんを
真似て口と息の体操をしよう」と伝えました。実際、語頭に s 音を伴う
単語に印をつけると see, sea, sun, son, sand, sandwich, sit, seat などが
出てきました。どれも中学生が知っている単語でしかも日本語のカタカ
ナ語でも使われているものが多いので、日本語の「サ」や「シ」との発
音との違い、特に呼気の強さの違いに注目させます。「5 倍くらい強く
息を出しながら」のように伝えると、口慣れの過程で次第に "呼気力"
がついていきます。そして、生徒は、自分たちが見つけた「s 音単語」
を「スー」という音に注意しながら発声練習したのです。

　上で指摘したように、ある生徒のコメントに、「英語は口の体操みた
い」というのがありました。そのコメントに対して、筆者は、「そう、
口というか、もう一度見てごらん、ほら、顎がけっこう動いているよ
ね。だから、これからもみんなが発声と発音の練習をするときは顎に特
に注意だね」と指導しました。すると、生徒は顎を意識して手で触りな
がら口作りし、口慣れの練習をしました。

このように生徒が自分たちで気づいたことは、英語の音慣れの第一歩です。「印象的な音を突破口として口慣れに導く」、これが音声表現力指導の基本です。つまり、優先すべき手順は、すぐに英語を目で見てそのまま自己流に読んだり、音読するのではなく、まずは聞こえたままを発声するということです。自然に聞こえる音をなぞって自分も発音してみる「音なぞり」がとても大事だということです。言い換えれば、「まずは音なぞりから口慣れに、そして口慣れから音慣れ（耳慣れ）に」といった円環が話す力と聞く力の基盤になるといえるわけです。もっと正確にいえば、第 1 段階で、音を聞き、音なぞりを通して口作りをする、そして、第 2 段階で、それを反復することで口慣れが可能となり、同時に、音慣れ（耳慣れ）が進むという流れになります。

第 1 段階
音を聞く

↕

音をなぞる口作り

第 2 段階
口慣れ

↕

音慣れ（耳慣れ）

■ 生徒の学習効率化と「アンカー音」への絞り込み

　英語の母音、子音は　当然のことながら　日本語とはかなり異なっておりかつその数も多くあります。日本語の母音は 5 つですが、英語では「あ」系の母音だけで [æ]、[ʌ]、[ə]、[a]（[ai] と二重母音）、[ɑ] と 5 つ（長母音も含めると 7 つ）もあり、「う」系、「お」系など、全部挙げると 20 個以上にもなってしまいます。しかも、それに加えてのやっかいな子音が同じように 25 個くらい立ちはだかっているのです。

　これらの 45 個〜 50 個もの発音を生徒に全部やらせるのでは、労力的にも大変過ぎます。そこで、限られた時間で、しかも生徒に飽きさせない工夫として、いわゆる「アンカー音（英語の発声において特に重点

を置くべき音）」に練習対象を絞って、重点的で集中的なトレーニングを行わせるのが現実的です。

　これらの「アンカー音」は多めに見積もっても、母音の場合は **[æ]** と **[ə]** と **[u]**、子音は **[ð]**、**[v]** 音や **[l]** 音などで、これらは日本語には無いため、日本人にはなかなか習得が難しいといわれます。また、どうしてもモノにしなくてはいけない音としては、**[t]** や **[s]** のように英語音として目立ち、リスニングのときにも鍵となる音が含まれます。

■「母音」アンカー音の指導と練習：口作り

　生徒が発声・発音に真剣にコミットして、練習してもらうためには思い切って学習負担を軽くして、その分、練習や活動で定着や小さな成功が味わえる "振り返り" を重視して行う指導の工夫が大切となります。無理に専門的な口腔図や用語は使わずに、説明や解説も「口で軽く日本語でウといった口かっこうで……」や「両顎を張って唇を横長方形のように……」といった具合に、工夫する必要があります。また、生徒には、鏡を持たせ、「口元チェック」と言って自ら、口の形をチェックする方法も有効でしょう（実際、企業研修でも行い、効果が実証された方法です）。

　口の中があれこれというのは最低限に絞って、外から見える口のかっこうだけで勝負というわけです。したがって、ペアワークでの練習の際に「口元チェック」を行うことも可能です。つまり、一方（leader と呼ぶ）が英語をしゃべった際に、他方（follower と呼ぶ）が、leader の口元を見て、振り返りの中で「情報交換」を行い、口の動き方や英語の音の聞こえ方についてコメントするというものです。

　ここで大切なのは、前章でも述べましたが、発音はネイティブの発音にすることが目標ではありません。The CEFR（ヨーロッパ言語共通参照枠）が強調しているように、proficient language user として「通じること」——英語では intelligibility——が最も重要なのです。その意味では、ネイティブの理想的な発音を 100 とした場合、70% ～ 80% 程度と

いうのが現実的な目標値になると思います。

▍ アンカー母音 [æ] の指導方法：口作り

母音をマスターするには集中トレーニングが必要です。[æ] 音の場合、実際に英語の音をいくつか聞かせて、音をなぞるための口作りの指導をするわけです。**口の開きや顎を落として横に張り出す、ちょうど横に引っ張って長方形のような口のイメージ**といったわかりやすいコトバで指導することが大切です。これでも生徒がわからないという場合には、下腹部に力を入れて思い切って響かせることが大事なので、「**四股ふみでドスンと足を下すのと同時に、[æ] と発音させるとうまくいくよ**」と言いながら教室全員でいっせいに「四股ふみ [æ]」を慣れるまでやってみると、喜々として楽しみながらいつも間にか立派な「腹式呼吸の [æ]」へと切り替わっていくはずです。この [æ] 音はかなり強く響く音で、同じく「あ」系で自然な英語になると母音としてはもっとも頻出する裏の音である弱い音の代表である [ə] 音と実に対照的です。「表の [æ]」と「裏の [ə]」の協奏曲が英語らしい音を生み出すのだといってもいいでしょう。この 2 つが、強弱のリズムを作るのです。

▍ 裏の音 [ə] の指導

裏の音 [ə] は、聞こえるか聞こえないぐらい弱い音で、「**お腹が空いて死にそうな声**」といえばイメージが掴みやすくなります。たとえば、ask, answer などの下線部は表の顔の [æ] 音で、当然のことながら、強くはっきりと発音します。一方、about, around などの下線部は裏の顔の [ə] 音であり、about ならほとんど「○バウトゥ」のように聞こえ（ほとんど聞こえない）、かつそのように発音されることになります。

発音の練習のコツは意識して極端に口を開けたり、唇を丸めたり、大げさに発音したり、弱く発音したりが自由自在にできることに尽きます。これに限られた音をうまく使って慣れさせて、英語をしゃべるための「口作り」をさせるわけです。

■「母音」アンカー音の指導と練習：口慣れ

　ひとたび、口作りができたら後はひたすら「口慣れ」練習です。最初は意識して手鏡などでチェックしながら、口のかっこうや顎の張りなどが崩れないように確実に**口や顎に覚え込ませる**のです。これを身体知と呼びます。英語を学ぶには、目と頭を使って学ぶ認知の部分と、身体で覚える身体知の両方が必要です。

　たとえば、apple, action, ask, acrobat, anchor... など、最初はゆっくりでいいので語頭にある単語で口作り（口の構え）を鏡でチェックしながら体得させていきます。その際に、**音を安定**させなくてはいけません。最初の単語の a はちゃんと発音できたけど、二番目の a は全然、口のかっこうは崩れてしまったといったことにならないように、いつ出てきてもサッと口が自然に動くようにするわけです。

　語頭で安定してきたら、今度は語頭だけでなく次のように語中などにある [æ] で慣れさせるようにするわけです。

　　cat, map, bat, bag, basket, tap, catch, nap,

　練習法にはシングル法、ダブルアップ法、そして、トリプルアップ法があります。**シングル法**は、しっかりと apple のようなターゲット音を発音して、きちんとそれぞれを正しく発音できるかをチェックします。**ダブルアップ法**は apple – apple と二回ずつスピーディーに連続して発音しても、二回目の音が安定しているかをチェックするように、**口慣れの耐久性**をみるものです。そして、**トリプルアップ法**は apple, apple, and apple とダブルアップ以上にスピードをつけ、そして 2 回の発音の後で軽く and (ən[d]) と入れて発音します。トリプルアップは、英単語の発音だけでなく、英語のリズムに慣れさせるための基礎訓練にもなります。

　もちろん、単語で十分慣れてきたら、[æ] 音を含む After all. や Back off. のような慣用表現などを利用すれば、今度はより状況が想像しやす

くなり、発声の際に感情を込めやすくなります。英語学習の壁になっているのは、英語が外国語であるが故に、気持ち（感情）を込めて話せないということです。文字を読むだけでは感情を英語に込めることはなかなかできません。そこで、表現が使われる状況を想定し、その状況から表現が生み出されるという訓練をすれば、徐々に感情を込めた言い方というものが体得されるはずです。

　口作りから口慣れに、そして、感情を込めて英語で表現できるようにするという流れがとても大切です。そして、その流れは、手順を踏んで行えば必ず誰でもできるようになるということを生徒に体感させることです。もちろん、ここまでやれば生徒によっては発声や発音に興味関心が出てきて、もっともっとうまくなりたいという生徒となかなか頑張ってもうまくできない生徒の個人差が生まれることもあるでしょう。

　これに対しては、個別のアドバイスが必要です。音に興味をもち、どんどん英語らしい音を身につけたいという生徒には「アンカー音で自信がついているはずだから、アンカー以外の音にも自分で挑戦すればどんどんうまくなるよ」という励ましと練習のヒントとコツを教えてあげれば、生徒は自分でやるようになるでしょう。自律学習への第一歩を踏み出すということです。実際、自力で練習してその成果が90％を越えるレベルまで伸びた生徒たちも数多くいます。

　一方、なかなか口慣れがうまく進まない生徒には近似値として70％に到達するのを目標とさせればいいでしょう。これはペアワークでの口元チェックで何人かの生徒と練習すれば、だいたいの到達度はつかめるようになります。しっかり練習すれば、誰でも確実にクリアできるのが音声学習です。そこで、「やれば必ずできる」ということを強調し、英語らしい発音をすることへの恥ずかしさや抵抗感をなくすような指導が必要です。そのためには、音声訓練するのであれば、「通じる英語でなければ意味がない」という信念を生徒一人ひとりにもたせるようにすることだと思います。

■「子音」のアンカー音の指導と練習：口慣れ

子音のアンカー音は大きく二種類に分かれます。まずは日本語になくうっかりすると通じにくい音の代表としては [ð]、[v] 音や [l] 音などがあります。これらは日本語には無いため、日本人にはなかなか習得が難しいといわれます。また、英語らしい子音の発声・発音ができるようにするための口慣れ訓練において注目したいのが [p] や [t]（呼気を思い切って破裂させる子音）と [s]（呼気の強さで摩擦音を出す子音）です。

練習の方法としては、まず tent、test、concert のように、シングル法で 1 回ずつ発音しましょう。その際に、語尾の t は飲み込むことに注意してください。tent は「テント」ではなく、「テンₜ」のような音印象になります。最初の t は破裂させるような [t] で、最後の t は飲み込む [t]になります。test の場合も同様です。

次に、tent, tent, and tent、test, test, and test、concert, concert, and concert のように、同じ語を 3 回発音するトリプル練習をするといいでしょう。トリプルの場合は、2 回目と 3 回目の間に軽く and を添えて読みましょう。以下は、練習用です。

tent	**test**	**concert**
tourist	**trumpet**	**frost**
passport	**basket**	

■ p 音と b 音と d 音も注意

pop は「ポップ」ではなく、「ポッₚ」のようになります。最初の pはラッパのように強い呼気で発音し、最後の p は飲み込み、弱く [p] を添える程度です。ティッシュペーパーを口の前に置き、最初の [p] の呼気でペーパーが揺れることを確認するのもいいでしょう。b も同じく、最初は強く、最後は飲み込みます。飲み込むといっても、口の形はして、音を無理に出さないということです。dad においても、最初の d は強い呼気で発音しますが、語尾の d は飲み込む感じになります。

▌ 子音の連続が難所の１つ

「子音連続（consonant clusters）」に十分に慣れることは、耳慣れにおいて不可欠です。日本語では、普通、子音の後には母音がきます。そこで play という単語でも「プレイ」と [p] の後に [u] を入れて発音してしまうことになります。英語では、pl は子音同士の連続で、母音は入りません。ここでは、子音連続の音に慣れる訓練を行う前に、カタカナ英語との音の違いに気づかせるとよいでしょう。

具体的には、代表的な子音連続を含む単語とその日本語で対応するカタカナ語を比較して、聞いた感じと言った感じを体感させるという方法が有効です。

日本語	英語
ドライブ	drive
スタート	start
ブルー	blue
スプラッシュ	splash

▌ 音声英語ではリズムが重要

英語では強弱リズムがとても重要です。日本語は基本的には子音と母音の組み合わせで音節（拍）が連なっていますので、その調子で各音節とも同じモノトーンのリズムで英語を読んだり話したりすると、日本人同士ならわかりやすい英語として聞こえますが、英語話者には非常にわかりにくい英語になります。

たとえば、I will ask her. という英文があったとします。英語のリズムにまったく不慣れな生徒がそれを読むと以下のような感じになりがちです。スラッシュはそこでいちいち切ってポーズを入れる感じです。

● ● ● ●
I/ will/ ask/ her.

　しかし、英語話者は実際には自然に発音すると、次のようになるのが普通です。

　　　　　　●
I'll **a**sk her.

　つまり、ask の a の音だけがかなり強く長めに発音され、残りの箇所はごく弱く、すばやく発音されて、単語間にポーズもなく、あたかも一語のように発音されています（Alask ［アラスカ州］のように聞こえます）。
　では、このリズムを体得するにはいったいどうすればいいのでしょうか。もっとも大事なことは重要な語（内容語）を強くゆっくり長めに発音するとともに、それ以外の意味というよりも機能として使われている機能語はすばやく、時には他の単語とまとめて弱くすばやく発音する訓練をすることです。その練習法として、タン・タン・タンと等間隔のリズムで読むリズム慣れが使われます。これは以下のように、最初は単純に3語の内容語でできた文でそれぞれを強く一定のリズムで読みますが、その次の文からはいろいろな機能語が間や前後についたものです。意味はもちろん微妙に変わってはきますが、その強く発音される内容語を中心とした一定のリズムには変化がないということを体感させる練習法です。下のそれぞれの文の●のところのリズムは文の長さには関係なく一定であることを確認させてください。

● ● ●
Dogs chase cats.

● ● ●
Dogs are chasing cats.

● ● ●
Dogs will be chasing cats.

● ● ●
Dogs will have been chasing cats.

同じリズムで読むためには、will be とか will have been を早く一気に読み上げる必要があります。これはあくまでもリズムの等時性というものを大げさに体感して、日本語的なリズムから英語へのリズムへと切り替えさせるのに使われるものです。

　これでいったん英語のリズムを体感させたら、これを念頭に置いて、英語の「強－弱－強」のリズム感覚を下のような慣用表現などで口慣らしさせることで馴染ませるとよいでしょう。

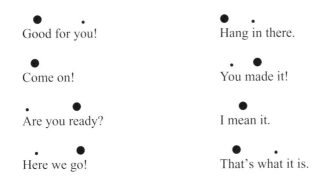

■　口慣れからさらに進めて、本格的な音読：チャンキング音読法

　この慣用表現の口慣れ（文の口慣れも含む）からさらに進めて、本格的な音読を行うのもいいでしょう。ここでは、**闇雲に大きな声で読むのではなく、リズムや強弱に注意しながら読む**という訓練が求められます。そのために有効なのは「チャンキング音読法」というものです。私たちは何かを声を出して読んだり、話そうとすれば、必ず、息継ぎをします。息継ぎなしに何十秒もしゃべることは物理的に不可能です。そして、**息継ぎの箇所がチャンクの画定箇所です**。

　どこで息継ぎをするかは、個人差もあるし、表現の目的によっても違いが出てきます。たとえば、同じ演説でも、オバマ前大統領は短いチャンキングをすることで有名でした。一方、キング牧師は、水が流れるように、朗々と長いチャンキングを好みます。いずれにせよ、教育目的で

チャンキングを使用するには、**生徒にとって無理のないチャンクの長さ**が良いでしょう。注意したいことは意味が不明になる箇所では息継ぎはしないということです。チャンクとは、**その長さに関わらず、情報や意味の単位であり、言いたいことの思いのまとまり単位**といわれています。

　たとえば、次のようなパラグラフがあるとします。

About 100 years ago an American woman named Anna Jarvis asked her friends to wear white carnations to church. She wanted them to think of her mother, who had died. Today Mother's Day takes place on different days around the world. In the U.S. it is in May. People give their mothers presents and cards. Children help with household chores.

これをチャンク化し左に寄せれば、以下のようになります。

About 100 years ago
an American woman named Anna Jarvis
asked her friends
to wear white carnations to church.
She wanted them to think of her mother,
who had died.
Today
Mother's Day takes place
on different days around the world.
In the U.S.
it is in May.
People give their mothers presents and cards.
Children help with household chores.

チャンク化した文章を音読すると、まとまった単位になるので特に内容語で強く発音する音節の個所が特定化しやすくなります。そのため、**英語のリズムが安定**してきます。リズムが安定すれば、生徒の音読を聞いていてもとても聞きやすいと感じるはずです。実際、ある学校で次のような簡単な実験をしました。

　英語が比較的得意な生徒にある英文（上記のような文）を読ませ、英語のネイティブ教師に目を閉じたままで聞き、内容を再生するように求めました。残念ながら、ネイティブ教師は、日本人生徒の音読を聞いて、よく意味を理解することはできませんでした。次の週、同じようなことを行いました。ただし、音読するのは英語があまり得意な生徒ではありません。事前に、チャンクを意識した読み方を訓練しました。その生徒は、100語程度の英文のチャンク読みを難なくクリアしました。そして、当日になり、その生徒に英文を音読させました。ネイティブ教師は、目を閉じて聞きます。そして、再生を求めたところ、驚くことにほぼ内容を再生することができました。後で、ネイティブ教師にコメントを求めたところ、チャンクで読んだので、すごく自然に理解できたとのことでした。

　このように、チャンキング音読法は、自然な形で音声表現力を鍛える最強の方法だといえます。チャンキング音読で発声に加えて、発音とリズムそして間の取り方が安定してくれば、音読にもかなり余裕が出てくるはずです。そうなれば、次の段階に進むことになります。テキストを両手に持ってチャンキング読みをすることから、片手にテキストを持ち、もう一方をフリーハンドにした状態で音読するのです。英文を音読しながら、このフリーになった手でリズムを取ったり、ジェスチャーをしたりすると、いわゆる音読から、パフォーマンスを行うことになります。ジェスチャーをすることで、思いや気持ちを表現しやすくなります。ナレーターやストーリーテラーとしてのパフォーマンスを行うよう、生徒を励ますとよいでしょう。英語の授業を通して、本物のナレーターが生まれるかもしれません（しかも英語のナレーターです）。

ちなみに、チャンキングのための「左寄せ方式」は英語の情報処理を
しやすくするうえで有効です。英文のかたまりをパラグラフで読むの
と、チャンク単位で読むのとでは、情報処理上の負荷のかかり方が異な
るからです。これは、日本語の場合にも当てはまります。司法試験を目
指す学生が筆者の一人（田中）のところにやってきて、法律文書がなか
なか理解できず、覚えられないと訴えました。彼に、チャンク化してみ
たらどうかと提案しました。数か月して、オフィスに来た学生は「先生
のアドバイスに従って、こんなふうに、刑法をチャンクにしました。す
ると、法律文章の構造が手に取るようにわかるだけでなく、とても覚え
やすくなりました」と喜んで報告してくれました。チャンクは情報処理
の単位だから、言語を問わず、有効だということです。特に、英語が苦
手という生徒には、英語の構造がわからない、だから、意味がわからな
いということが起こります。チャンク化することで、構造と意味の可視
化がかなり図れると思います。もちろん、チャンキング音読法に慣れて
くれば、通常の形で英文を読む際にも、息遣いに注意しながら、読む力
になっているでしょう。

■ リピーティング、オーバーラッピングそしてシャドーイング

　チャンキング音読に慣れてきたら、次第にチャンクの長さを調整した
り、文単位で一気に音読する訓練をしてもいいでしょう。一気に読むや
り方を「ワンショット・リーディング」と呼んでいます。訓練の方法と
して、知られているのがリピーティング、オーバーラッピング、それに
シャドーイングです。

　音声を文単位で流してあるいは教師が読んで、その後で、**正確に繰り
返して読んだり、テキストを見ないで繰り返して口頭で言うのがリピー
ティング練習**です。リピーティングの狙いは正確な音で繰り返す（再生
する）ことができるということです。

　それに対して、音声を流して、それを**テキストを見ながら重ねて読む**
ことで、**テンポやポーズの取り方、そして、リズムなどを同時に体得で**

きる練習があります。これが、オーバーラッピングです。英文を見ながら聞こえる音との「音なぞり」「音真似」のトレーニングなので、発音やリズム・イントネーションはもちろん、その内容に合わせての感情移入などが同じようにできるのかが大きなポイントとなります。

　似た練習法に**シャドーイング**がありますが、こちらは**文字を見ないで、かつ、流れる音に少し遅れながら影のようについていく練習**です。口慣れと同時に耳慣れでその意味内容を処理しながら英語の自然な音の流れに乗れるように慣れるための練習です。こちらは慣れないうちは、けっこう、ついていくのがきついので、繰り返し練習してスピードに慣れるようにします。**英語を聞く場合でも読む場合でも「滑らかさ」や「スピード感」が不足しているという場合**はこのシャドーイングが有効です。とりわけ、耳慣れを通して、リスニング力の強化に役立ちます。

　上のような訓練を通じて「正確さ」「滑らかさ」に加えて、一定の「スピード感 (瞬発力)」が身についていくことになります。そして、その成果として自然なチャンキングのプロセスの流れとともに、絶えずスピーディーに意味をうまく自分の頭の中で構成していけるようになるわけです。

　このような手順でやり方に慣れていけば、次第に音読にも余裕が出てきて、メモを持ちながら、それらをチラッと見て目の前の聞き手たちを見渡しながら、次の個所を読んで、また、前の人たちを見ながら話したり、プレゼンをしたりができる力がついてきます。テキストの**チラッ見が2〜3割**で、**目の前の人たちを見ながら語り掛けるのが7〜8割**というバランスを目安にするといいでしょう。

　われわれが教師研修などでよく言うことは、「手元にある英文を読ませてみて、スラスラと英語らしく読める生徒には決して英語嫌いや英語は全然ダメという子はいない」ということです。そして、そのような音読力の習得のための土台となるものが、「音声指導」なのです。

Chapter 14

英語教育の争点

　英語教育を巡っては、どうして英語を学ぶ必要があるのか、学習目標となる英語力とはどういうものか、英語力は誰でも身につけることができるのか、思春期前の子どものほうが思春期後の学習者より英語学習において有利なのか、単語を覚えても使えないのはどうしてか、文法は必要なのか、中高の英語教育は何が問題なのか、等々さまざまな論点があります。この章では、英語教育に関するいろいろな論争点を見ていきます。

■ 英語はできて当たり前

　ここで、「なぜ英語を学ぶのか」ということについてお話していきたいと思います。中学3年生に「どうして英語を学ぶの？」と質問しました。その結果、「入試に出るから」「英語で映画を観たり、歌を聴いたりしたいから」「学校の授業で英語が教科としてあるから」「親に言われて仕方なく」「今や英語は世界中で使われ、これからの時代を生きるのに必要だから」といった回答が返ってきました。教師に同じ質問をすれば、最後の「英語は国際語だから」が目立つ回答だろうと思います。

　確かに、本書の「はじめに」でも述べましたが、英語を実用的なレベルで使うことができる人は15億人ほどであるという推計があります。その内、母語として英語を話す人は4億人弱です。圧倒的多数の人が第二言語として英語を使っているということです。アジアでも、韓国では英語ができなければ生きていけないということから国策として英語教

育が重視され、中国でも英語が使える人口が急速に増えています。同じことが東南アジア諸国についてもいえます。**「英語はできて当たり前」という状況が現実のものになってきているのは間違いないことだと思います。**英語は多文化共生の手段であるということです。

　今度は先ほどの同じ中学 3 年生に「英語は得意ですか」と聞きました。すると、6 割が「苦手」あるいは「やや苦手」と回答しました。英語はできて当たり前という状況にあって、過半数の中学生が英語は苦手と考えているというのは教育的には深刻です。しかし、同時に「英語ができたらどう？」と問うと、9 割が「うれしい」あるいは「ふつう（悪くない）」と回答しました。**英語が苦手でも「英語はできないよりできたほうがいい」と感じている生徒が多い**ということです。英語教育は、これにちゃんと応えていかなければなりません。

■ バイリンガルであることのメリット

　われわれは、いろいろな場面で「英語はできて当たり前」という言い方を繰り返しています。英語ができるようになるということは「バイリンガル」になるということです。そして、このことに関連して注目したいことがあります。世界ではバイリンガルであること、あるいはマルチリンガルであることが自然であるということです。日本のようなモノリンガル中心の国は、むしろ少数派のようです。

　バイリンガルになることのメリットとして *The New York Times* [2012 3/17] が Why Bilinguals are Smarter: The benefits of bilingualism と題した記事を載せています。その中では、英語が話せるといろいろな人々とやりとりができるというだけでなく、2 つの言語を併用して使えるということは、**認知能力を高める効果がある**という内容が書かれています。バイリンガルのほうが問題解決力、企画力、創造力、記憶力、意思決定力において優れており、その結果として、**バイリンガルのほうが学業の成績が高く、しかも、職業選択の可能性が高い（よりよい仕事に就き、より多い年俸を得る）**ということが多くの研究から明らかになっ

てきています。そのことを踏まえて、上記の新聞は大胆な見出しを立てて、バイリンガルであることの利点を報じたのです。

■ 自分で納得するのが一番

だとすると、英語を学ぶということは、国際語であるということ以上に、**個人的な資質を高めるうえでも意味がある**ということになります。しかし、こういう話をしても生徒の英語に向かう態度が激変するわけではありません。生徒一人ひとりが「英語を身につけることの意義」を見出すことができたとき、それは学習に向けての大きな力になるのだと思います。筆者（田中）の大学のゼミの学生に、英語は勉強しても意味がないとずっと思ってきた学生がいました。ある日、彼は、いきなり英語の勉強を懸命に始めました。何がきっかけで変わったのかと聞いたところ、次のように、そのわけを説明してくれました。

> 「僕は、幼稚舎の出身で、英語なんか必要ないとずっと考えてきた。別に海外で仕事をするわけじゃないし、日本で豊かな生活を送ることができる。英語なんていらないとずっと思ってきた。しかし、急に考えが変わった。**仕事は一人でやるよりみんなでやるほうが面白い**。いろんな人がいるほうが面白い考えがでてくる。だったら、日本人同士でやるより、インド人やフィンランド人やコンゴ人が一緒のほうが面白いに決まっている。すると、英語は必須の共通言語になる。だから、英語を勉強することにした」

どうして英語を学ぶのか。この問いに、**個人が自ら答えを引き出したとき、それは強い動機づけに変わる**ということを思い知らされました。大上段に構えて、英語は必要だと訴えても、生徒の心にはなかなか届かないということです。

■ 年齢と外国語学習の関係

「外国語の学習は早く始めるほうがよい」という考え方が一般に流布しています。英語では、"The younger, the better." と表現されることがあります。ここには**「年齢」**という要因が**第二言語学習において決定的に重要である**という**前提**が含まれ、小学校の段階で英語に触れさせるという考え方の背後には、この前提があるように思われます。

年齢と言語習得との関係に関して、「臨界期仮説（critical period hypothesis）」というものがあります。これは、概略、言語習得の可能な（生物学的に決定された）時期というものがあり、それを過ぎると言語の習得が可能でなくなるというものです。言語の習得可能な時期を何時（いつ）とするかについては、見解の違いが見られますが、概して、**生まれてから思春期までの期間が臨界期**とみなされます。この臨界期仮説は、いくつかの事例研究でも明らかにされており、第一言語（母語）の習得においては有効なものとされているようです。

しかし、第二言語習得についてはどうでしょうか。確かに、微妙な筋肉調整を必要とする発音能力においては、ある年齢を過ぎると母語の干渉を完全に克服することは困難なようです。英国に海洋文学で知られるジョセフ・コンラッド（1857–1924）という作家がいます。英語で数々の作品を残していますが、ポーランドで幼少期を過ごしたコンラッドは、英語を話すと、きわめて強いポーランド語のアクセントがあったといわれています。ただし、英文を書くことにおいては、英語圏のプロの作家も舌を巻くほどの文体を使いこなしたそうです。

ここで注目すべきは、発音においては母語の干渉（悪影響）が残ったということです。克服しがたいこの発音問題に言及して「ジョセフ・コンラッド現象」という言い方をする専門家もいるほどです。

しかし、同時に注目したいのは、思春期を過ぎて英語の学習を始めても、「コミュニケーションの手段としての英語」を習得することは十分に可能である、ということです。思春期を過ぎて英語を学びはじめ、高い英語力を身につけた事例が身近にたくさんあります。いわゆる「ジョセ

フ・コンラッド現象」を克服した人もたくさんいます。程度の差こそあれ、「誰でも、何時でも第二言語を学ぶことができる」ということです。

■ 学習環境 (learning context) と年齢と第二言語学習

　しかし、"The younger, the better." という仮説は、誰でも外国語を学ぶことができるかもしれないが、それでも若いほうが有利である、という主張です。ここでは "the young" の一応の定義として「思春期前」とします（発音などにおいては 5 歳以前のほうがよいという研究もありますが、ここでは the young に幅をもたせて話を進めます）。直観的に、「外国語をやるなら若いほうがよい」という主張に傾く人が多いのは確かでしょう。しかし、この主張は無条件に受け入れるわけにはいきません。というのは、**学習環境 (learning context) が考慮されると事情が異なる可能性**があるからです。

　ここでは、英語を日常的に使用する状況で英語を第二言語として学ぶという環境を INPUT-RICH 環境、日本で英語を第二言語として学ぶという環境を INPUT-POOR 環境と呼び分けることにします。INPUT-RICH 環境とは自然に英語を獲得できるような条件が整った環境のことをいいます。一方、INPUT-POOR 環境では、母語（日本語）が生活言語であるため、英語は意識的な学習の対象になるものの自然な形で獲得することが難しい環境のことを指します。

　INPUT-RICH 環境では、自然な学習が促進され、学習しているという意識を伴わないまま英語を獲得することが可能となるという条件が整っています。こういう状況では、**子どものほうが、より早くそしてより有利に英語を身につける可能性が高い**といってもいいでしょう。もっとも、文法の学習だとか語彙数の増強だとかといった個別の課題でいえば、成人のほうが子どもよりも自覚的に学習するため "The older, the faster." ということも考えられます。がしかし、総合的な英語力の習得ということからいえば、結局は、"The younger, the faster." ということになり、INPUT-RICH 環境では、"The younger, the better." は経験的に

支持される仮説であるということができます。

　一方、**INPUT-POOR** 環境では、どうしても「学習するということ」を意識することになり、しかも自然な言語学習状況というよりも英語学習のために人工的に設けられた場（教室など）での学習が行われることになります。こういう状況では、子どもは飽きやすく、長続きしない可能性が高いということが考えられます。逆に、ある程度まで年齢が上がると、目的志向的な学習が可能となり、動機づけを失うことなく、英語を学ぶということが可能となります。そこで、**INPUT-POOR** 環境では、「若ければそれだけよい」という考え方が有効であるという保証はありません。

■ それでも外国語学習は若いほうがよい

　ここで確認しておきたいことがあります。「若ければそれだけよい」という考え方は無条件に受け入れることはできませんが、それでもこの考え方には、魅力があるということです。われわれは、モンテッソーリミライキンダーガーテンというところで幼児の英語学習を観察する定期的な機会を得ています。ここは、モンテッソーリ教育とバイリンガル教育を大切にする幼稚園です。2歳から5歳までの幼稚園児が英語の世界でどうやって過ごしているか観察するため、度々、園を訪れています。そこで、学んだことをまとめると以下になります。

　第一に、先生の英語を自然に受け入れ、**驚くほど早く先生の意図を理解できる**ようになります。Make a group of four. とか Move forward. といえば、言われた通りに行動しています。そして、第二に、**耳で捉えた音をそのまま作り出すことができる**ということです。一言で言えば、音への感受性が高く、音を再生するための筋肉調整も自由だということです。そして、第三に、体を動かすように英語を身につけていきます。**英語を「学ぶ」のではなく、まさに、「身につけていく」**というのがピッタリだと思います。そして、第四に、（大人からすれば）**慣れない音を楽しんでおり**、英語という「外国語」が自我を脅かすことがありませ

ん。思春期を過ぎるとどうしても、慣れない音に馴染めず、自分らしくないということで、わざと日本語的な読みをする生徒がいますが、幼稚園では、一切、そういうことは見られません。むしろ、違いを楽しんでいるかのように見えます。

　音への感受性と音の再生能力の高さ、身体知としての学び、違うものを楽しむ心、これらはまさに、英語を学ぶ際の強力な「武器」になるはずです。しかし、上で述べたように、この武器が使えるかどうかは、学習環境の在り方に大きく作用されます。

■ 英語教育の成功の条件

　ここでは上の「子どものほうが英語学習は有利か」というテーマとの関連で、小学校での英語教育の成否の鍵について考えていきます。結論を先にいうと、日本の小学校における英語学習の成否の鍵は、教育的工夫を通して、**INPUT-POOR な環境を INPUT-RICH な環境に近づけることができるかどうか**にかかっています。そこで2つの環境の違いを特徴づける観点が必要となりますが、その際に注目したいのが3つの「言語学習の条件」です。以下は、3つの条件と2つの学習環境の関係を示したものです。

条件	INPUT-RICH 環境	INPUT-POOR 環境
language exposure（質・量）	+	?
language use（質・量）	+	?
urgent need	+	?

この3条件について簡単に説明しておきます。**language exposure** には、対象言語にどれだけ触れたかという量の側面と、発達段階的にみて理解可能で有意味な言語にどれだけ触れたかという質の側面があります。**language use** においても同様に、どれだけ対象言語を使用したかという量の側面と、そして自分に関連した意味ある内容に関してどれだ

け言語を使用したかという質の側面があります。そして **urgent need** は、当該言語を使用する強い必要性があるかどうかを問う条件です。

　さて、INPUT-RICH な環境（例．米国）においては、生活の場、教育の場で英語が自然に使用されるため、圧倒的な量への exposure と、圧倒的な量の use が保証されることになります。言語使用者（子ども）が実際に直面する場面は彼らに関連性のあるものであり、結局、**量が質を担保し、質の面についても保証される**ことになります。そして重要なこととして、言語を使用しなければ日常が成立しないという切迫した必要性（urgent need）も存在するということです。したがって、INPUT-RICH な環境では、子どもについていうと、**自然な学習（natural learning）──自然に言語を覚えること──が可能**となるのです。

　一方、INPUT-POOR な環境とは、上の表の「？」が示しているように、どの条件も十分な形で満たすことができない環境のことを意味します。そこでは、概して、**自然な言語学習というより、むしろ「意識的な学び」**──学校などでの言語学習──が優勢になる傾向が強くなります。自然な学習という観点からすれば INPUT-RICH な環境が、子どもの場合、圧倒的に有利になるはずです。では、**日本で英語を学習する際にどうすればよいか**、という問題がでてきます。

　この問題に入る前に、「国内の INPUT-POOR な環境のほうが海外の INPUT-RICH な環境よりも、英語を学ぶうえで望ましい環境になる可能性がある」という意外な側面にも触れておきたいと思います。

■ 文化適応の問題

　たとえば、両親とも日本語を母語とする 5 歳児が父親の海外赴任に伴って米国に移り住むことになるという状況を考えてみましょう。そして、そこで彼は 10 年を過ごすとします。最初の 2、3 年は、英語が自由に使えないということから、なんらかのストレスを経験するものの、次第に英語でも楽に表現できるようになるということが予想されます。しかし、多文化社会の米国で生きていると、「きちんとした」英語を身

につけることが、アメリカ社会に溶け込んでいく鍵となります。つまり、言語はコミュニケーションの道具というだけでなく、「アイデンティティーの標」にもなりうるのです。この男子は10年を米国で過ごす間にさまざまな乗り越えられない壁や疎外感など心理的な葛藤を経験することになるでしょう。その結果、「日本人として振舞うか」「アメリカ人として振舞うか」をめぐる"identity crisis"という問題に直面する可能性があります。

　筆者の一人（田中）が勤務していた大学ではいわゆる「帰国子女」が多く、その中で上記のような経験をしている人たちも多数いました。**文化的にも言語的にも「確たるもの」をもち得ないということからくる「不安定さ（insecurity）」を抱えているまま大学生になっている人たち**がいるということです。

　INPUT-POORな環境では、幸いなことに文化適応に伴う深刻な問題は起こりません。安心できる場面（secure context）で、英語を「コミュニケーションの道具（a tool of communication）」として学ぶことが可能なのです。言い換えれば、**英語を国際語として学習できるという環境**があるということです。米国で英語を身につける際には、英語はアイデンティティーの標となり、**きちんとした米国の文化規範に合致した英語を獲得しなければならないという心理的要求**が強くなります。米国規範からみてきちんとした英語が使えなければ劣等感すら覚え、それが上記の「不安定さ」につながるのです。日本で英語を学習する際には、国際的に通じる英語を身につければよく、随分気持ちが楽になるはずです。これは英語を学ぶ際のアドバンテージだといえます。

■ 学習支援の必要性

　しかし、日本のようなINPUT-POORな環境では、自然に英語を身につけるという環境にはないため、英語を意識的に学ぶ必要があります。そこで、**「学習支援（pedagogical support）」が必要**となるのです。学習支援と学習環境と年齢の関係については次のようなことがいえると思

います。

　子どもであれば、INPUT-RICH な環境にあれば、自然に英語を獲得することが（基本的には）可能であり、学習的支援の必要性は弱いといえます。しかし、成人の場合は、よい言語環境が与えられるだけでは自然な言語習得は難しく、INPUT-RICH な環境においても学習的支援が必要となります。だから、米国に行って大学などの機関で英語を学習するのです。

　日本のような INPUT-POOR な環境では、年齢に関係なく、学習支援が必要となります。自然に英語を覚える環境がないからです。INPUT-POOR な環境の強みは、上記のように文化適応の問題に直面することなく国際語としての英語を学ぶ環境にあるということです。しかし、ここでは残念ながら "The younger, the better."（若ければそれだけよい）の仮説は、通用しません。自然な学習と意識的な学習を区別するなら、意識的な学習においては、成人のほうが子どもより有利であるという見方ができるでしょう。成人だと目的意識をもって英語学習に向き合うことができるからです。しかし、INPUT-POOR な環境のままでは、いくら意識的に勉強しても、使えるようにはなかなかなりません。

　そこで、成人か子どもかを問わず、英語教育（学習）の効果を高めるためには、**教室をどれだけ INPUT-RICH な環境にできるか**が鍵となります。もちろん、英語圏での環境のようにはいかないまでも、たくさんの良質の英語に触れ、たくさんの英語を使い、そして英語を使う白けない場を作る――英語を日常化する――ことができれば、実践的な英語力を身につけることができのではないかと思います。

　ここでいう INPUT-RICH な学習環境とは、外国国旗が飾られ、語学練習用コンピュータが配備され、ネイティブスピーカーがいるという教室空間だけを意味するのではありません。もっと重要なのは、**学習活動（エクササイズ）による場づくり**です。教科書の中の英語を学ぶのではなく、**活動の中で、活動を通して英語を学ぶ**ということです。児童や生徒が**本物で、意味ある活動として捉え、自分事として参加できる活動**を

行うことで、INPUT-RICH な環境は創り出されるのだと思います。

■ 英語は誰でも身につけることができるのか

　英語はできて当たり前という状況が現実化したものの、日本では英語が苦手と感じている生徒が多いということも事実です。ただ、苦手だからといって英語は不必要かといえば、できたらうれしいという生徒が多いことも、上述の通りです。そこで、**英語は誰でも身につけることができるのか**、という問いが出てきます。

　結論を先にいうと、基本的に**英語は誰でも身につけることができる**ようになります。音楽や美術には才能といったものが関係しており、個人差が見られます。しかし、言語の場合はどうでしょうか。母語であれば、誰でも自然に身につけることができます。こういう言い方をすると、「母語の場合はそうだが、外国語になると事情が違うのではないか」と思われる読者もいるでしょう。

　しかし、周りを見渡してみてください。外国出身の相撲力士たちは日本語が上手だと思いませんか。テレビなどを見ていても、外国出身のタレントが流暢な日本語でお茶の間を楽しませてくれています。彼らは日本語を学ぶ特別の才能があるから日本語ができるのでしょうか。そうとは思いません。必要があるから、日本語を使い、日本語が上達したのだと思います。

　筆者の一人（田中）は、長らく、JICA（国際協力機構）に関係してきました。ご存じのように、青年協力隊だけでなく「シニアボランティア」という人たちの活躍に、日本の国際協力事業は支えられています。シニアといえば 50 代後半、60 代の方々も多数います。赴任先がバングラディッシュの場合はベンガル語を、スリランカの場合はシンハラ語を学びます。60 歳になってまったく未知の言語を身につけることができるのかと思われるかもしれません。しかし、驚くことに、ほとんどのシニアの隊員たちは、赴任先の国の言語を習得し、**文字と声の両方で機能的なやりとりができる**ようになります。JICA の事例は、必要があれ

ば、年齢に関係なく外国語を学ぶことができるということの証左です。

■ 個人差

　われわれは、大人の研修に長く携わってきました。田中は、JICA の語学研修で、阿部は企業の英語研修という形で、いろいろな学習者を見る機会を得ました。もちろん、研修の効果には、個人差というものがあります。研修を通して「伸びる人」と「（あまり）伸びない人」の 2 つに分けてみると、それぞれの特徴のようなものが浮かび上がってきます。主だった特徴をリストすると、以下のようになります。

▐ 伸びる人の特徴

- ・辛抱強く続けられる。
- ・高い動機づけを維持できる。
- ・自らの気づき（なるほどという納得感）を重視する。
- ・気になったことを積極的に質問する。
- ・納得したら、課題に真面目に向き合う。
- ・適度のリスクを覚悟して、英語を積極的に使う。
- ・自分の英語をよりよいものにしようと不断の努力を行う。

▐ 伸びない人の特徴

- ・飽きやすく、継続性がない。
- ・できないことの言い訳をする。
- ・与えられた課題をただこなすだけ（受動的な学習態度）。
- ・活動に臨む態度が消極的である。
- ・失敗や間違いを怖れる。
- ・細かいところにこだわりすぎる（細部拘泥型）。
- ・自分の英語に自信がもてない。
- ・自分とではなく、人と比較して落ち込む。

「辛抱強く続けられる」対「飽きやすく、継続性がない」のような対照的な特徴もありますが、伸びる人は、**英語を学ぶという課題を自分事として受け止め、それに真剣に向き合うという傾向**があります。一方、伸びない人は、課題の受け止め方において「**与えられたもの**」という意識が強く、**他の人のことを気にする**という傾向があります。この2つのタイプを分けるのは、「納得」と「実行力」だといえます。伸びる人は、課題に向き合い、納得し、そして、課題を自分のこととして進めていく人です。

　このことは、学校英語教育においても当てはまることだと思います。英語学習を自分事として、自分の中に使える英語を身につけようとする生徒は、英語という教科に自信をもち、実際、総合的な英語力においても優れている生徒であるということです。

■ 日本人は英語が苦手

　日本人は英語が苦手か。この問いに対して、読者の多くは「その通り」と頷いておられることでしょう。もちろん、英語で仕事をしている日本人はいくらでもいますが、一般的な印象として語れば、日本人は英語が苦手といえるかもしれません。その原因は何か。原因の1つとして、「言語的距離」が話題としてよく取り上げられます。たとえば、ドイツ語を母語にする人のほうが日本語を母語にする人より、「英語は言語的に近いので有利だ」という論法です。もう1つは、日本人のメンタリティーが原因であるという論調もあります。南米の人たちと比べ日本人はおとなしくて、英語を話すことにおいて恥ずかしがる傾向が強いといった説明方法です。

　しかし、このいずれの説明も説得力がないように思われます。以前、筆者の一人（田中）は、バンコックのチュラロンコン大学やタマサート大学でワークショップをしたことがあります。1990年頃のことです。そのとき、タイ人は英語が日本人以上に苦手だと思ったものです。「タイ語と英語は全然違う言語であること」そして「タイ人の恥じらい」が

その原因だろうと勝手に思い込んでいました。つまり、日本人もタイ人も同じような理由によって英語が苦手なのだろうと解釈したのです。

　しかし、30年ほど経過して、状況は一変しました。タイの大学では、英語で専門授業が行われることが一般的になり、軽やかに英語を使える大学生が爆発的に増えています。インドネシアや韓国や中国でも事情は同じです。それに比べると、日本の大学生は立ち遅れているように思います。未だに英語を話すことに抵抗を感じる人が多いし、大学の講義を英語で行う場合、履修者は帰国子女や留学生に限定されるという傾向にあります。

　「言語的距離」も「恥の文化」もタイの場合には当てはまりません。何が決定的な違いかを考えたとき、**「英語はできて当たり前」ということを自然に受け入れ、教育制度もその「当たり前」の実現に向けて改革している**かどうかだと思います。日本人の英語苦手の意識も、英語はできて当たり前を実践することで、消え去るのだと思います。その際に最大の問題は「実践の仕方」にあります。

　ここでいう「実践の仕方」とは英語の学び方、英語の教え方のことをいいます。タイや韓国では、英語を使うという場面を徹底的に重視します。教科書や問題集を通して英語を学ぶということと、タスクを行うことを通して英語を学ぶとでは実践の仕方が大きく異なります。問題集には解答があります。間違いは間違いで正解を覚えようとします。そして、英語は教科書の中にあると考えるようになります。一方、タスクを英語で行うというやり方は、**日常言語として英語を捉え、タスクをうまく英語でこなせるかどうかにのみ関心が向かいます**。文法的な間違いよりも、タスク遂行の度合いで評価が行われるということです。何よりも大切なこととして、**「○×」の発想ではなく、どの程度うまくできるかという「程度」の発想が背後にある**ということです。程度の発想だと、現状を認めたうえで、さらに程度を高めようという方向に気持ちが向かいます。しかも、タスクハンドリングの善し悪しを決める基準は1つではなく、多面的な評価が可能です。英語の文章としてみれば稚拙だ

が、表現者としては自信にあふれ、声も大きく、説得力があるということも起こります。○×の発想では、間違いはゼロ点で、獲得した得点のみによって個々人の英語力が評価されることになります。

　「英語はできて当たり前」という表現を繰り返し使いました。**これには2つの意味**があります。その1つは、英語の世界的な広がりを鑑み、「英語はできて当たり前の状況が生まれている」という意味合いです。グローバル英語（global English）といわれるように、世界中で英語が共通語として使われています。まさに英語はできて当たり前という状況が広がっているということです。

　「英語はできて当たり前」という表現には、もう1つ「英語は誰でもやればできる」という意味が含まれています。学習の条件さえ整えば、誰でも英語を第二の言語として身につけることができるということです。その条件には、**英語に日常的に触れること、英語を日常的に使うこと、英語の必要性があること、の3つ**が含まれます。それぞれ、英語で language exposure の条件、language use の条件、そして urgent need の条件と呼びました。

■ 英語力の育成を阻むもの

　では、学校で英語を勉強していても英語力が育たないというのはどうしてかという疑問がわくと思います。もちろん、誰でもやれば英語はできるようになるのですが、**どう学ぶかが肝心**です。繰り返しになりますが、英語学習が成功する条件は3つあります。Language Exposure の質と量、Language Use の質と量、そして Urgent Need の存在の3つです。Language Exposure とは英語に触れること、すなわち英語のインプットです。そして、Language Use とは英語を使うこと、すなわち、アウトプットです。このインプットとアウトプットの十分な質と量が満たされるかどうかが英語力を身につけることができるかどうかの鍵です。毎日、英語に触れる環境にあれば量的な条件は充足されます。そのためには、学校で経験する英語の量だけでは十分ではなく、英語を日常

の中でも触れる機会を設ける必要があります。アウトプットの場合は使う機会があるかどうかということです。

　そして、インプットもアウトプットも質の条件を考慮する必要があります。**学習者一人ひとりにとって意味があり、自分事として受け止めることができる場合に質の条件は満たされます。**日本でなかなか満たすことができない条件が Urgent Need です。直訳すれば「切迫した必要性」ということですが、要は、英語を使わなければならない必要性ということです。日本人同士であれば、英語を使う必要性はありません。しかし、この Urgent Need があるからこそ、上記の外国出身の相撲力士もタレントも日本語を身につけることができたのだし、JICA のシニアボランティアの人たちも現地語を学ぶことができたのだといえます。

　であれば、Language Exposure と Language Use の質量、そして Urgent Need の存在の条件を満たすような英語学習環境を作り出すことができれば、英語学習は成功するということになります。しかし、いくら環境が整っても、学習者自身が自分事として取り組むことができなければ、英語学習の成功は保証されません。

　ここで身につけたい力は、言うまでもなく「英語力」です。英語が使える力ということです。英語力を身につけるためには英語を使うしかありません。このことを Learning by Doing といいます。しかし、多くの学習者の心理としては、まず、英語を勉強して、ある段階まできたら、使うというものです。言い方を変えれば、**「いつか、どこかで、誰かと」英語で話をするために、英語を学習するという発想**です。この発想には匿名性があるため、上でいう Urgent Need は生まれません。英語は憧れの言語で、「できるようになったらいいな」という思いを抱いて、勉強を続けることになります。これは Learning by Doing の原理に反するやり方です。**「いつか、どこか」ではなく、「今、ここ」が肝心なのです。**今、ここで、英語を使うということは、**学習者の身分から表現者の身分になるということ**を意味します。

　子どもは英語を使いながら自然に英語力を身につけていきます。子ど

もは、初めから表現者なのです。中高生になると、外国語は foreign language というように、自分と馴染みのない言語です。foreign objects といえば「異物」ということです。そこで、英語を使って何かを言おうとしても自分らしくないという思いから逃れられないのです。しかし、**この異物感を馴染ませていくには英語を使うしかありません**。

幼い子どもは表現者として自然に英語を身につけます。ある年齢になると、学習者であると同時に表現者としての2重の役割を演じることが必要となります。**学習者としては、絶えず、自らの英語を発達させていく態度で、そして表現者としては、今ある英語を我が身に引き受けて、それでなんとかするという覚悟で臨むという態度**をもつことが必要です。

学習者である限り、まだ足りないという気持ちから逃れることができません。**まだ足りないから、自分の英語は不完全であるという思い**に駆られてしまえば、表現者として英語を使う気持ちを挫かれてしまいます。**限られた英語で表現することを楽しむぐらいの気持ちをもつこと**で、健全な learning by doing の実践が行えるのだといえます。

Chapter 15

英語教師の英語力

　教師の英語力とは何か？よく英検で準 1 級以上だとか TOEIC で 750 点以上といった基準が教師に求められる英語力として示されることがあります。しかし、これは、教師の英語力を見るにはかなり荒っぽい指標です。なぜなら、英検で準 1 級をとることが、どういう英語力を保証するのかが判然としないからです。昨今は、中学生で準 1 級をとる生徒も少なくありません。このことを考えれば英検の級が教師の英語力を保証するものでないことは明らかでしょう。

　教師の英語力は高校生や大学生の英語力とは違うはずです。教師に求められる英語力は、英語を説明するメタ言語的知識を含みます。英語の善し悪しを感じ取る文体的感受性も必要でしょう。授業を運営するには、生徒に指示を出し、活動の流れを調整し、活動についての評価やフィードバックを与える英語が求められます。もっといえば、生徒にとっての新出単語が出た場合、その使い方などを説明できる英語力が必要です。もちろん、文法も日本語を使わないで指導することができなければなりません。英文を音読することができることは当然です。これは、英語教師力の英語の必須項目とみなすことができますが、音読といっても情感を込めて読む力が必要です。

■ 教師の英語力

　上記の通り、「英検準 1 級が教師に求められる英語力だ」といっても

211

判然としません。そこで必要なのは、「教師が何をするときの英語か」を明らかにして議論することです。どんな授業であれ、英語で授業をする際に、教師は次の3つのタスクをなんらかの形で行っているように思います。

1. 生徒の発言に英語でフィードバック（評価）を与える
2. 生徒に英語で活動をさせ、それにアドバイスを与える
3. 内容の理解と新出単語・文法の説明を英語で行う

本章では、この3つのタスクとの関連で教師の英語力についてのわれわれの考えを述べていきます。

■ 生徒の発言にフィードバックを与える：教室の雰囲気を作る

　まず、授業でほめたり、励ましたりすることは、よい学習環境（雰囲気）を作るうえで重要なことです。このことは、教育学がよい授業の「一般原則」として教えるところでもあります。生徒をほめる先生とほめない先生を比べると、生徒はほめる先生（の授業）に対して、より好感を覚えるようです。コトバが心を動かすのだといえるでしょう。ピグマリオン効果を引き出すまでもなく、実際、ほめられたり、励まされたりすることで生徒はやる気を出すということを、教師であれば経験的にも知っているはずです。

　しかし、「ほめる」といっても、Good job!――これはすばらしいコトバであることは間違いないですが――をただ繰り返すだけでは高い効果は期待できません。というのは、「あの先生はなんでもかんでも Good job! という」といった具合に受け止められる可能性があるからです。**ほめたり励ましたりする行為は、教育的にみれば、評価の現れになります**。評価というものは、**生徒が納得したときにはじめてその効果を生みます**。そこで、教師は、状況に応じた「ほめコトバ」「激励のコトバ」といったものを自分のレパートリーとしてもっておかなければならない

のです。以下はその例です。

■ ほめるコトバ・励ますコトバ

Nice work! /Great job (Satoshi/ team A / everybody)!

(You did a) good/ great job. /You (all) did very well.

That's the best today / this week/ this term/ this year.

You're getting much better.

Keep going. / Don't give up./ You can do it!

That's a good idea but not quite what I was looking for.

Have a guess. / If you don't know, just guess.

　評価としてのほめ言葉は、具体的に個人やチームに向けられたとき、心に届きやすいものです。そこで、Good job! というだけでなく、Good job, Satoshi! とか Nice work, team A! のように**評価の差し向け先を具体的にするほうが効果的**だといえます。全員に向けたときは、Great job, everybody! となるでしょう。同じ Great job! でも、You did a great job, Satoshi. となると表現に伝わる力が生まれるということです。英語教師はこうしたコトバの効果を理解したうえで使えるようでなければなりません。英語でいえば "Positivity spreads" が学習環境においては必要ですが、それに大きく寄与するのが教師のほめ言葉なのです。

■ 英語で活動させ、それに誤りなどの訂正を行う

　英語教師の英語力には、生徒たちを英語で活動させ、適宜誤りなどの訂正を行うことができるということが含まれます。教師にとってのこのタスクを英語で行う際に、個別具体的な課題によって英語表現の内容は異なりますが、以下がその例です。

Today, we are going to talk about "A Mason-Dixon Memory." As you remember, we've already read the whole story more than once.

However, let us take a look at the passage we want to focus on once again. < Read the passage > Now we have a question. This passage says, "They knew that there was something even more important." What is "something even more important" to them? Now, let us make five groups of six people. You make five groups as you like. I'll give you one minute. ... OK, time's up. The goal of your discussion is to reach the group opinion about the question. Let's have an active discussion. Later you are going to make a 2 or 3-minute presentation. You have 15 minutes for your discussion.

表現を見ると、Today, we are going to talk about ...とか As you remember とか let us take a look at ... など慣用的な表現が多く含まれています。**目的に応じた慣用表現をうまく使うことができることが教師の英語力**には含まれるのです。このこととの関連でいえば、教師自ら、自分が日常的に使う英語を分析してみることで、ある特定の表現を繰り返し使っていることに気がつくでしょう。

これを教室内での「マイ慣用表現」とみなすことができます。そして、英語でスムーズに活動を行うには、**活動をガイドするための「マイ慣用表現」**を生徒と共有しておくとよいでしょう。

教師によって、好む表現には個人差がありますが、たとえば、以下をよく使うということがわかれば、それを共有することで、英語で授業する際のミニマル・エッセンシャルズが整うことになります。

▌ 教師 A がよく使う「マイ慣用表現」

Let's take a look at the following passage.

Listen carefully. / Listen up.

This is a useful sentence pattern.

Let me put it this way.

Let me use brackets here.

I'm going to ask you some questions about this passage.

Underline the words you don't know.

Draw a picture of the animal described here.

　たとえば、Let me use brackets here. は文法構造を説明する際に教師は「括弧」を使うことがありますが、その際の表現です。

　なお、活動中に、**間違いを質す**ということが必ず起こります。その場合、教師は英語でのやりとりを通して生徒に誤りに気づかせることができるような方法（focus-on-form の方法）を知っておきたいものです。**誤りの訂正には明示的なものと暗示的なものがありますが、暗示的な方法が有効だといわれます。やりとりの中でさりげなく（やりとりの流れをこわさないように）形（form）に注視させる**のです。たとえば、Last night I saw a bad dream. という生徒に、教師が、Oh, you had a bad dream last night. What kind of dream did you have? と応じれば、生徒は、see a dream ではなく have a dream だということに気がつく可能性があります。こうした英語のやりとりができること、これも教師の英語力の要素です。

■ 内容の理解と新出単語や文法の説明

　おそらく、日本人の英語教師にとって難しいのは、英文の内容の理解だとか、新出単語や文法を英語で説明するという課題だろうと思います。日本語であれば簡単なタスクでも、英語でやると「まどろこしさ」が出てくるだけでなく、生徒も曖昧性を抱えたままの理解するようになる可能性があります。しかし、**そこを英語で切り抜ける**というのが英語教師力です。たとえば、以下のような文章を読んでいるとしましょう。

Squirrels help oak trees to grow by burying acorns. They dig up and eat some of the acorns, but not all of them. In spring, the forgotten acorns take root and sprout as young trees.

内容理解を促すには**発問が有効**です。ただ、生徒のレベルに合わせて、発問の仕方を工夫しなければなりません。**このレベル調整力が教師の英語に求められる**ということです（T＝teacher, S=student）。

> What is a squirrel? Do you know what a squirrel is? (T presents
> three pictures showing different animals.) Show me the right
> picture. (S chooses picture 3) Yes, that's right. Squirrels live in the
> woods. What do they eat? (S says, "Acorns.")

さらに、What do they help? How do they help oak trees? What happens in spring? などと内容に即して質問を投げかけていきます。発問力は英語教師の英語の要となる力の１つだといえるでしょう。

　未知語については、生徒に知らない単語（表現）に下線を引かせます。そして、黒板に生徒たちが知らない単語を書きだします。たとえば、oak trees, dig up, the forgotten acorns に生徒の多くが下線を引いたとします。すると、教師は、次のような説明をするでしょう。

an oak tree：
> It's a kind of tree. T shows a picture of an oak tree. "An oak tree" is
> "樫の木" in Japanese.

dig up：
> T does the action of digging up.

the forgotten acorns：
> T uses Japanese and says, "The forgotten acorns means "忘れられて
> いたどんぐりたち" in Japanese.

　an oak tree のような具体物の場合は、写真やイラストを見せる方法があります。ヴィジュアルは語彙指導の補助教材として必須です。しかし、見ても何の木かわからない場合は、An oak tree is "樫の木" in

Japanese. と説明を加えます。**この表現形式は、日本に来ている外国人に英語で日本のものを説明する際にも有効です。**dig up の場合は、教師が「穴を掘る」動作をするといいでしょう。もちろん、イラストなどを描いて補ってもかまいません。一方、the forgotten acorns の場合は、イラストで示すことは容易ではありません。forgotten については forget-forgot-forgotten の語形変化を学んでいる場合はそこに注目させるといいでしょう。ヴィジュアルで示すことができない場合は、The phrase "the forgotten acorns" means "忘れられたどんぐりたち" in Japanese. と表現すればいいでしょう。この場合、日本語を使う際には、**「英語表現の中で日本語を使う」**ことが鉄則です。

　さて、文法指導についてですが、不定詞も関係代名詞も**表現のパターン**として扱うことで、日本語の説明は不要になります。たとえば、上の文章の中から help A to do B by doing C に注目したとしましょう。

　　T:　Let us take a look at the sentence here. I'll write it on the board.

板書：Squirrels help oak trees to grow by burying acorns.

　　T:　What do squirrels help?
　　S:　Oak trees.
　　T:　Yes. That's right. But the sentence says, "Squirrels help oak trees to grow."
　　　　Let me use brackets to show what squirrels help:

板書：Squirrels help [oak trees to grow]

　　T:　The next question is how? How do they help oak trees to grow?
　　S:　By burying acorns.
　　T:　Yes, by burying acorns. Now we have a useful sentence pattern:

板書： help A to do B by doing C

T:　I want each of you to write your own sentence using this pattern.

(Student A writes the following)
 I help my little brother to do his homework by saying "Work harder." (Taro Sagawa)

help A to do B by doing C に注目させて、生徒に自分の表現を作らせます。上記の例のように、生徒が作った文章には「作者」として名前をつけさせるとよいでしょう。そのことで、**自分事として英語表現を行うという態度が芽生えるきっかけとなる**可能性があるからです。

　このように教師の英語力は、授業を英語で運営する力にほかなりません。本章では、3つのタスクに注目して、英語教師が鍛えていかなければならない英語力についての見解を述べました。いずれにせよ、教師自身が、**英語が自然に使われる意味空間を教室内に創ること**、これが場づくりであり、教師の大切な仕事なのです。

おわりに

　真の英語力を身につけさせる英語教育を考える際に最も重要なこと
は、英語教育の目的である「英語力」を定義することです。そして、そ
の定義を導きの糸として、教材、活動、評価を整合する形で実践するこ
とであるというのがわれわれの主張です。英語力の定義が宙に浮いたま
まで英語教育を立案すると、それぞれがアドホック的なパッチワーク
（原理に基づかない寄せ集め）になってしまいます。

　本書では、英語力をタスクハンドリングと言語リソースの相互作用と
して捉えました。そして、言語リソースには語彙力、文法力、そして慣
用表現力が含まれます。言語リソースとしての語彙力ということは、
「知っている単語がタスクを行う際に活用可能である」ということを意
味します。同じことが、文法力、慣用表現力にも当てはまります。利用
可能な状態にない単語、文法、熟語では言語リソースとして使えないと
いうことです。そこで、「この指導は生徒の語彙力（文法力、慣用表現
力）を育てるのに役立っているだろうか」という絶えず問い続けること
が必要となります。

　生徒が中心となる活動に「探究授業」というものがあります。生徒が
自ら探究（inquiry）を続けるということがその鍵になります。同様に、
教師も探究的態度をもつことが必要なのです。以前、われわれ二人は、
H. D. Brown の *Principles of Language Learning and Teaching* とい
う本を翻訳（『英語教授法の基礎理論』（金星堂））しました。その中で、
Brown は「先生は teacher であると同時に researcher でなければならな
い」という自らの信念を強調しておりました。ここでいう researcher
であることとは、絶えず探し続ける（re-search）ということ、すなわち、

探究者であるということです。

　同じ視点を生徒に向けると、これまでは、教科書の中に、そして、問題集、試験の中に英語があり、問題を解き、試験で高得点をとる生徒が、「英語ができる生徒である」という前提があったように思います。今求められているのは、真に使うことができる英語力を生徒一人ひとりの中に育てることです。

　最後になりますが、昨日よりは今日、そして今日よりは明日という気持ちで、進化する英語教師を目指してください。

〈著者紹介〉

田中茂範 (たなか しげのり)

慶應義塾大学名誉教授／PEN 言語教育サービス

　NHK 教育「新感覚☆キーワードで英会話」講師、NHK ラジオ「ボキャブライダー」監修。第30回市河三喜賞を受賞。著書に『表現英文法』(コスモピア)、『イメージでわかる・使える英単語』シリーズ(アルク)など多数。

阿部一 (あべ はじめ)

英語総合研究所所長／PEN 言語教育サービス

元・獨協大学外国語学部，及び同大学院教授

　著書に『英語冠詞コーパス辞典』(研究社)、『英語感覚が身につく実践的指導 コアとチャンクの活用法』(大修館書店)など多数。

PEN 言語教育サービス　www.penlanguage.com

確かな英語の力を育てる ——英語教育のエッセンシャルズ——

初版第 1 刷 ——— 2021年 5 月 25 日

編　者 ———— 田中茂範・阿部一

発行人 ———— 岡野秀夫

発行所 ———— 株式会社くろしお出版

　　　　　　　〒102-0084　東京都千代田区二番町 4 － 3
　　　　　　　[電話] 03-6261-2867　[WEB] www. 9640. jp

印刷・製本　藤原印刷　　装丁　黒岩二三